U0815708

司马辽太郎

日本游记
奈良近江纪行

[日] 司马辽太郎 著
金国男 译

陕西新华出版传媒集团
陕西人民出版社

图书在版编目（CIP）数据

司马辽太郎日本游记. 奈良近江纪行／（日）司马辽太郎著；金国男译. —西安：陕西人民出版社，2022. 8
ISBN 978-7-224-13904-4

Ⅰ. ①司… Ⅱ. ①司… ②金… Ⅲ. ①游记-奈良 Ⅳ. ①K931. 3

中国版本图书馆 CIP 数据核字(2021)第 001289 号

著作权合同登记号　图字：25-2020-205
KAIDO WO YUKU SHINSOUBAN 24 OHMISANPO NARASANPO

出 品 人：赵小峰
总 策 划：刘景巍
出版统筹：张阿敏
策划编辑：王颖华
责任编辑：王颖华
整体设计：白明娟

司马辽太郎日本游记·奈良近江纪行

作　　者　[日]司马辽太郎
译　　者　金国男
出版发行　陕西新华出版传媒集团　陕西人民出版社
　　　　　（西安市北大街 147 号　邮编：710003）
印　　刷　陕西龙山海天艺术印务有限公司
开　　本　880 毫米×1230 毫米　1/32
印　　张　8. 25
字　　数　176. 088 千字
版　　次　2022 年 8 月第 1 版
印　　次　2022 年 8 月第 1 次印刷
书　　号　ISBN 978-7-224-13904-4
定　　价　59. 00 元

如有印装质量问题，请与本社联系调换。电话：029-87205094

目　录

近江纪行

奈良纪行

近江纪行

1 近江之人

“我们再去一次近江吧。”我一说完，大画家须田先生就歪了歪头，但并没有反对。

于是就这样定了下来。我真的喜爱近江。

火车经过关原盆地后，近江平原的风光便开始逐渐映入眼帘，我的心中开始冒起了快乐的泡泡。我住在淀川入海口形成的冲积平原的边上，这里的地势比近江低。从大阪出发的火车一进山城平原，地势就高了起来。经过近江平原的时候，就像驶入一片富饶又高耸的高台之地。

小时候，在图书馆看过一本旧书，里面提到高天原[①]就在近江。现在想来，这本书没有什么内涵，但其中的一段话却深深地印在了我的脑海里。“在大阪湾的芦苇地旁种植稻谷的古人突发奇想，沿

① 高天原：日本《古事记》中神居住的地方。另：全书脚注皆为译者与编者所注，文中括号内注释皆为作者加注。

淀川逆流而上，到了淀川的源头近江。这里土地辽阔、地势高耸、空气干燥，于是古人便感叹原来这里就是高天原。”生活在低湿地区的人沿河而上，终于看到一片高地平原的时候，这种快乐的心情让当时还是小孩的我也产生了共鸣。即使到了现在，每当我前往近江的时候，还是能体会到这种愉快的心情。

近江的路，春天是最美的。但透过火车的车窗欣赏湖东平原时，却是冬景最盛。列车下行进入美浓地区，再驶入关原以后，就会有雪打在车窗上了，但用不了几分钟，上了往近江去的坡道以后，风雪就被远远地甩在车后了。到了近江北部时，已经出太阳了，只不过放眼望去，田地都还是一片雪白，田埂上种着赤杨树，水稻成熟后会被割下来挂在赤杨木做的架子上风干。一排排树木看起来颇似越后春日山城[①]脚下的平原。从前，日本各地应该都是这样的景象，但现在这样的水田风光已经是近江独有的了，有的地方积雪把树干藏起了不少。火车继续向前，三上山开始映入眼帘，像一个三角形立在野洲地区的原野上。这时已经看不到雪了，神社附近的树林里香樟树叶在太阳下闪闪发光。

近江村子里的民房以前也是很美的，现在大家都用上了新式建材，便没了欣赏价值，以前的一些老房子用作茶道的茶室也毫不逊色，无名小寺的房顶也有它独特的曲线，这些都有别于其他地区，似乎蕴藏着一种独特的美学。也许因为这里曾是睿山，汇集了日本木质建筑史上最杰出的建筑，当地工匠的技术和审美也不同于其他

---

① 越后春日山城：日本古城，位于新潟县，古称越后。

地区吧。

近江人的优雅也值得称道。提到近江，就不得不说“近江教徒”，这构成了当地人的精神内涵。这里有许多净土真宗的寺庙，每个村子里的房屋都围绕净土真宗寺庙独特的大屋顶而建，就像围绕着一座圣殿。这里的寺庙自古就由五十户左右的教徒维护，寺庙的礼仪、法会上的交流、教义中主张的“纯他力”思想都让近江人的言行举止变得极为优雅。

日语语法中，有“请让我做什么”这样一种奇特的用法，这一用法出自关西地区，最近东京也开始使用，对标准日语也产生了影响。例如，“那么请让我回去吧（那我就先回去了）”“请让我明天来取（我明天来取）”“所以请让我应聘贵公司（所以我到贵公司应聘了）”“托您的福，让我生活得还不错（我生活得还不错）”等说法。

这种语法来源于净土真宗（包括真宗、教徒和本愿寺）的教义，其他流派不管是思想上还是措辞上都没有类似的内容。在净土真宗的教义里，一切都是由阿弥陀佛，即“他力”赐予的，“阿弥陀佛让我吃上一日三餐，让我的一家人平安生活，有时让我去寺庙里听本山法师讲经，中途有事让我先回去了，晚上让我九点睡觉”等，这种语法就是在“纯他力”的思想下形成的。由此又形成了“受人恩惠”的观念，这种观念产生了诸如“托您的福，让我坐地铁去了虎门车站（我坐地铁去了虎门车站）”这样的语法。我坐地铁虽然并没有花对方的钱，但却要说“承蒙您关照，我才能做什么”，这些都是出于对“他力”的信仰。现在信仰已经不存在了，仅仅只剩下日语中的一种语法表达了。

以前近江商人的有趣之处就在于他们都是净土真宗教徒。到京都、大坂[①]或江户经商时，他们会不自觉地用教徒特有的语法和顾客说话，诸如“好的，那么请让我明天三点给您送货（那么我明天三点给您送货）”等。

这种语法应该是从日本昭和时期[②]开始传入东京的，日本明治时期[③]的文学作品中并没有出现过。

接下来说说我自己。到四五年前为止，每年元旦我都会去京都，入住京都的旅馆后再去近江游览，年年如此，跟上了瘾似的。

十三年前的猪年元旦，我忽然想去近江的蒲生郡看看。我从地图上发现一个从室町时代[④]一直延续至今的城市——蒲生郡日野町，提前并没有做什么功课直接就去了，当看到那里的房屋时，还以为自己回到大正时代[⑤]了呢。

或者说，当地的样子就像是把京都的中京区直接搬了过去。家家户户的建材都质量上乘，街道空旷而整齐，没有多余的广告牌，十分雅致。

日本织丰时代[⑥]，日野町就是一个历史悠久的城下町，当时的领主正是以文韬武略著称的大名蒲生贤秀和蒲生氏乡。蒲生家族从镰

① 大坂：大阪旧称。
② 昭和时期：指 1926—1989 年。
③ 明治时期：指 1868—1912 年。
④ 室町时代：指 1336—1573 年。
⑤ 大正时代：指 1912—1926 年。
⑥ 织丰时代：即安土桃山时代，1573—1603 年，取当时掌权的织田信长和丰臣秀吉的姓氏第一个字。

仓时代[1]起就管辖着这里，负责征税，世代对百姓爱护有加，蒲生贤秀和蒲生氏乡尤其注重保护商人。蒲生氏乡被封为伊势松坂[2]的领主后，日野商人也追随其去了松坂，这也促进了伊势的商业发展。日本战国时代[3]，近江有许多武士转行经商，其中就有振兴了三井家族的三井越后守高安，他虽然不是日野人，却是在近江发迹的，后又去了伊势。他曾经营松坂棉布和酿酒生意，江户时代[4]移居江户开始经营服装生意，并成就了一番事业。他的官位曾是越后守，因此堂号就叫三越，这也是被世人所熟知的。

我到访蒲生郡日野町的时候正好赶上了晴天，但阳光并不刺眼，天空好像被一层水膜包裹，射下了静谧的光。

走着走着眼前出现一座鸟居，从这里进入神社后，看得出这里的布局和建筑都是极为考究的，里面有小树林和流水，我在里面转了一圈才出去。站在鸟居处放眼望去，尽头处是一座积了薄雪的山，一种神圣感不禁油然而生，我想这一定是因为我心里也栖息着古人的情感吧。于是转身又进了神社，找到一名年轻的神职人员，他告诉我，那座山叫绵向山，正是这座绵向神社供奉的神所居住的地方。这座神社遵循《延喜式》[5]，建造时间是比平安时期更早的白凤十三年（685）。

回到京都的旅店后，一位老朋友来访，他似乎为世间琐事所累，

① 镰仓时代：指 1185—1333 年。

② 伊势松坂：伊势松阪的旧称。

③ 战国时代：指 1467—1568 年。

④ 江户时代：指 1603—1867 年。

⑤ 《延喜式》：日本平安时代中期的法律实施细则。

急需找个人倾诉，我劝他第二天去近江看看，也许可以缓解疲劳。漫无目的地闲逛也没有意思，便向他推荐了蒲生郡日野町的绵向神社，还拿出滋贺县地图，把提到的地方用红笔圈起来后递给了他。

后来，这位朋友从近江游览回来，还给我带了一个在绵向神社买的小绘马[①]，是用杉木做的，上面印着猪的图案。

“你不知道吗？”他告诉我，“那座神社一到猪年就会做这种绘马，今年正好是猪年。”

我不太了解生肖，自然也没注意到今年是猪年，更没想到绵向神社是一座保佑属猪的人的神社，朋友和我都属猪，今年正好是本命年，这一系列巧合让这位朋友甚是开心，我也沾了他的光。

漫步于近江的时候，我偶然来到一个坐落于神崎郡田园之间的历史悠久的小村落——五个庄町。

这里有一处曾经叫南五个庄村的地方，曾是近江商贾辈出之地。南五个庄村有一个“字”[②]叫金堂，我当时去的就是这里。走着走着，我惊讶地发现这个坐落于田园之间的小村庄里建的竟然全是豪宅，外墙上贴着船身上取下来的木板，白泥墙仓库随处可见，从建造方式来看大多像是明治时代的建筑，丝毫没有暴发户的气息，简约而气质高雅，属于茶室风格，又各具特色。房屋与房屋之间都保持着适当的距离，透着一种不易察觉的美，体现出近江浓厚的艺术气息。

在金堂漫步时，我发现了一户姓“外村”的人家。房屋也是明治时期的风格，却又显得格外轻盈，甚至有一种清纯的魅力，这让

---

① 小绘马：日本神社中用来许愿的木板，一般为手掌大。

② 字：日本町，村中的区划名。有大字和再细分的小字。

我联想到奈良大和四所寺院之一的室生寺，它同时也是一座允许女性参拜的寺院[①]。外村家的外墙比一般人家矮很多，石头砌起的部分显得柔弱且气质温和，甚至像是故意不想引人注意一样。我觉得这也许是一处典型的近江风格的民房，想问问建于什么时间，却看到大门紧锁，似乎无人居住。

这时我突然想到，这里难不成就是已故作家外村繁（1902—1961）出生的地方？我问了一位当时正好路过的老人家，她告诉我："您说得没错。"老人家说话时尾音上扬，操着一口具有近江特色的京都腔。

据说外村繁是这户人家的三儿子，大哥继承了自江户时期传下来的外村家的宗家，二哥早逝，所以他不得不继承分家的家业。

外村繁去世后，读他作品的人就少了，这让我觉得十分可惜。他的母亲曾想让他经商，但他却在 1921 年上高中时结识了梶井基次郎和中谷孝雄，于是便立志从文。后来，他还是顺应母亲的期望，大学时选了金融学院。这种软弱的性格也造就了他的作品，其中不乏有一些让人喜爱的要素。大学毕业后，外村繁被迫继承了位于东京日本桥的"外村商店"，为了经营店铺苦苦挣扎了五年，最后他还是把家业让给了弟弟，专心于文学创作。

《草筏》（发表于 1935—1939）是外村繁的第一部长篇小说，以江户末期开始经商的外村家为原型。第二次世界大战结束后，他又以相同的主题创作了《筏》和《花筏》。除了这些具有社会性的

① 日本古代有许多山和寺院禁止女性进入。

文学作品外，他在晚年还创作了私小说《落日的光景》《航标》等，这些作品我都很喜欢。从某种角度来看，他的作品可以说是净土真宗思想的文学化。当然，他在作品中并没有引述经文或是讲经内容，但我还是认为这些作品是明治时期以后最具代表性的宗教文学。

我曾在人群中看到过他一回。当时外村繁身着和服便装，用一根腰带系着，好像明治时代的商铺伙计，脸型很瘦，高鼻梁，长得很是端正。说得失礼一点，他当时的样子就像一只年事已高的公鸡从草丛中快步走来一样。他的态度也异常谦逊，怎么看都不像是位作家，忽然我又想到他曾经是最正统的近江商铺的掌柜，不禁感慨一个人的人生原来可以有如此多面。

我还记得另外一件跟他有关的事。去世一周前，他曾上了《朝日新闻》的《人物》专栏，采访中他侃侃而谈自己身患癌症，而且到了晚期，照片里他坐在医院的病床上，开怀地笑着，像婴儿一样嘴里含着一根吸管，这时他已经无法用杯子了，只好借助吸管喝上了自己最喜欢的啤酒。外村繁后期的创作深受净土真宗的影响，令我感受最深的就是他这个时期的作品。

说到近江，必须要提到的另一个人就是松尾芭蕉。[①]

芭蕉决心在漂泊中度过一生，但也曾在许多地方短暂居住。他在去世前四五年的时间里，大部分时光都是在近江度过的。在结束了《奥州小路》的创作之旅后，元禄二年（1689）的年底，四十六岁的他就是在膳所[②]迎接新年的。

---

① 松尾芭蕉：1644—1694 年，日本江户前期俳句诗人，他的创作是俳句的艺术顶峰。

② 膳所：滋贺县地名，位于琵琶湖沿岸，属于近江境内。

新年过后，松尾芭蕉暂时回到故乡伊贺，春天又返回近江，来到位于琵琶湖南岸的石山地区，在深山中的幻住庵里一直住到秋天，这里归门生曲翠（当时名为曲水）的叔叔所有，是曲翠推荐他住到这里的。

曲翠姓菅沼，官职是“外记”，是当时膳所藩的高官，他的道德感很强，性格过于直率，以至于不适合在和平年代为人家臣。近江曾在战国时期出过许多武将，江户时代的菅沼曲翠可以说是继承了近江武士气节的一位人物。

曲翠写过这样一句诗：“蟾蜍心中有话不能言。”这句诗正是他本人的真实写照，他所侍奉的膳所藩领主本多康命似乎是一位昏君，十分器重善于溜须拍马的家臣曾我权太夫。曾我权太夫恃宠而骄、中饱私囊，被朝野厌恶，其他家臣却慑于他的权势，敢怒不敢言。这句“蟾蜍心中有话不能言”其实是菅沼曲翠对自己的质问。

松尾芭蕉去世后，曲翠下了决心。享保二年（1717）七月二十日，曾我权太夫即将前往江户。菅沼家的官级为“中老”，按照礼节，曾我权太夫应前来告辞。当时，曲翠斥责了他的不当行为，但曾我权太夫并没有听进去，所以曲翠认为通过言语纠正其行为已是不可能。曲翠觉得，曾我权太夫会害了领主，为了不让他继续为祸，只能先杀了他，再自尽。曲翠从墙上取下长枪，一枪刺死了正要逃跑的曾我权太夫，随后剖腹自杀，享年五十八岁。

不知道曲翠是早已准备好了遗书还是在刺死曾我权太夫后才写的，总之，他故意表示此举是出于私人恩怨。因为如果他在遗书中提到这是为民除害，那么中央政府就会来调查领主本多康命。

但这样一来他的家族就要受难了，但他还是义无反顾地做了这个决定。

膳所的人都对曲翠的忠心大加称道，但本多康命却暴跳如雷，他下令没收了菅沼家的财产，还让正在江户当差的曲翠的长子菅沼内记[①]定季剖腹自杀，并流放了他的族人，曲翠的夫人则削发为尼，法名破镜，隐居到了故乡泉州的岸和田地区。

松尾芭蕉十分欣赏曲翠的性格，现存的芭蕉信件中，写给曲翠的是最多的。

上面提到的曲翠的故事发生在松尾芭蕉去世后，但芭蕉似乎在生前就看出菅沼曲翠有可能做出这样的事，《幻住庵记》（写于1690年，当时松尾芭蕉四十七岁）中，松尾芭蕉将曲翠形容为“勇士”，用这样的词来形容一位俳句诗人是非常少见的。

《幻住庵记》中，芭蕉曾这样描写幻住庵周围的琵琶湖南岸风光：

> 西南高山耸立，人家不远不近。南风自山上来，北风凉爽湖上来。比睿山、比良高根，辛崎松柏霞光笼罩；有城，有桥，有舟垂钓。笠取山上砍柴声，山脚田地插秧歌；夜空之中萤火虫，秧鸡啼鸣。美景不胜收。

芭蕉在近江写了很多俳句。其中，我认为最有意境的是《猿蓑》中的一句：

---

① 内记：日本律令制中中务省的官职，主要负责诏书的起草。

春之将尽，与近江之人共惜。

这里提到的“近江之人”当然包括很多人，肯定也包括菅沼曲翠。

如果惜春之情不联想到近江之人，就体会不到诗中景色的辽阔和暮春时节的悠然。湖水蒸发，春霞笼罩；湖东平原油菜花开、绚烂辽阔；霞光笼罩，一望无垠。芭蕉觉得春天正适合近江人的情怀，近江之人深情敦厚，仿佛春的精华幻化而成。要体会这句俳句，只需将“近江”换成别的地方，瞬间就会发现少了其中的意境。

2 共眠之乡

近江还有许多我想去但没有去成的地方。“共眠之乡” 就是其中一个。

那里是近江和美浓的交界处，群山环绕。一条极小的河横跨中山道[①]，从近江跨过河沟就是美浓。“共眠之乡”怎么看也不像是一个地名，但十六世纪之前就有这个地方，到了近代，京都有古趣的同好之间，也都知道这里。这个地方也叫“长竞”，关于地名的由来有许多说法，这里只说其中一个。

江户时期出版过一本《近江国舆地志略》，“舆地”是明治时代以前对地理的叫法。这本书是近江膳所藩组织编撰的近江地方志，由藩内学者寒川辰清自 1723 年开始编撰，耗时十一年完成，这本书里提到了“共眠之乡”。

① 江户时代的五大古道之一，连接江户和京都。

“共眠之乡”又名“长久寺村”，在编撰《近江国舆地志略》的年代，这是当地的正式名称。据《志略》记载，长久寺村位于柏原以东，附近曾有一座寺庙——长久寺，于是将这里命名为长久寺村。这里又叫“长竞”或“共眠乡”。

近江美浓两国交界之处，共有二十五户，五户属美浓，二十户属近江。

书中连房屋的数量都有记载，此外还提到，两国交界处只有一条小河沟分隔。这二十五户人家即使不是墙连着墙，美浓人和近江人却也是可以隔着墙壁，睡前躺在自家床上说会儿话的。这就是“共眠之乡”的来历。

也许正好位于美浓和近江交界处的两户人家共用一堵墙，而小河就在两家房屋底下流过，两国的人也是可以隔着墙睡前聊聊天的。

说句题外话。根据江户时代的货币制度，江户用的是金币，单位是“小判几两”，而京都和大坂用的是银币，即“银几钱”。两种货币在这里同时存在，近江属于京都大坂一侧，使用银币；美浓以东则是江户范围，使用金币。据《近江国舆地志略》记载，这里的二十五户人家里，近江的二十户使用银币，美浓的五户使用金币；二十户是近江口音，五户是美浓口音。从方言和货币角度来看，共眠之乡的小河沟正是日本的东西分界线。

这次重游近江，特别想去近江边界看看这条小河沟。

“现在还有这个地方吗？”大画家须田先生有些担心。

地图上确实找不到了。但在近江（也就是滋贺县）还有柏原和长久寺这些地名。再看隔壁的美浓（岐阜县）地图，共眠之乡应该在今须地区，也就是今天的岐阜县关原町。要想找到共眠之乡，只能先去现在的滋贺县坂田郡山东町长久寺这个地方看看了。

须田先生又问："长久寺这座寺庙还在吗？"

我说："寺也没了，只剩一个地名。"

"长久寺村就是共眠之乡吗？"

这个问题我也不能肯定："《近江国舆地志略》里确实是这么写的，但我觉得共眠之乡可能只是长久寺村里的两国交界处的一小片地方。"

"日本可是大变样啦，" 须田先生打击我，"'共眠之乡'这个地名和地界可能早都不在了。"

从二十世纪五十年代开始，日本大搞基建，建筑行业吞噬着中央和地方的财政预算，时而饥渴，时而膨胀，像野兽一样横扫日本全国。政治家为了选票，过度修建水坝、填海、建桥等，而近江的生命之湖——琵琶湖也成了一些人的目标。本应将野兽驯化成乖巧的家畜，但不管是政党还是媒体，甚至学者和思想家都没有找到驯服野兽的理论和方法。不是建筑业和建筑学在危害社会，而是人们没有树立起正确看待土地和社会的观念，这才是真正的问题。

"共眠之乡应该还在。"我觉得日本的土地还没有过度开发到那个程度，一定还有很多原生态的地方被保存了下来。开发建设琵琶湖，对建筑业来说是一项油水颇丰的大工程，但共眠之乡不过是大山里的一处不起眼的小地方，似乎没有将它毁掉的理由。

我又仔细看了看地图，当地自古就是中山道的必经之地，沿海而行的东海道曾是贯穿日本主要地区的主干道，而中山道是和它并行的内陆通道，中山道的大部分道路都要翻山越岭。

东海道的起点是京都，到了近江的草津地区后向东，往北就是中山道。从草津开始，近江地区的驿站由南向北有草津、守山、武佐、爱知川、高宫、鸟居本、番场、醒井、柏原和美浓的今须。在这些驿站中，长久寺（共眠之乡）就位于柏原和今须之间。

我在地图上仔细查看了一下“长久寺”这个地方，这是一个东西向的山谷，中山道就经过这里。古时候的道路并不像现在这么完好，当时的人一定是在山谷里行走的。长久寺谷的北面，伊吹山高高耸立，离山谷越近地势越低，南面是铃鹿山脉的北侧，山势逐渐降低最终和山谷连在一起。虽然我叫这里“长久寺谷”，但它并不像一般的山谷那样深陷，更像是北面的伊吹山和南面的铃鹿山脉之间的一条东西向的裂缝，像是两山之间的鞍部，但又不如鞍部高，还是就叫它山谷吧。

现在，有四条交通线途经长久寺谷：国铁①东海道线非新干线的普通铁道、名神高速公路、21号国道，还有就是断断续续的古道中山道。东海道新干线没有经过长久寺谷，而是在北侧山脉的隧道中穿过，所以这里看不到新干线。修建了这么多的公路和铁路，共眠之乡或许早已淹没在建设工程中了，须田先生的担心也是不无道理的。

我家附近也曾在基建热潮中修通了中央环线，上了中央环线就

① 国铁：日本铁路公司JR的前身。

可以汇入名神高速公路。我享受着国家基建的成果，从家里开车一个小时，左手边就出现了被誉为近江富士的三上山，很快就来到了野洲平原。

野洲川经常干涸，沿着这条河的道路就是曾经的东海道。东海道途经土山，越过铃鹿山口，进入伊势。中山道则与伊势无关，是向着美浓方向去的。名神高速有一小段和中山道并行，翻过一些丘陵地带向北延伸，中途会与八日市擦肩而过。

到了八日市附近，公路右边有一座叫石塔寺的奇特寺庙，山上建有一座古朝鲜风格的石塔，给我留下了很深的印象，但是从高速公路看过去的话，也不知道具体是哪座山。

到了爱知郡，右边的山里建有百济寺。据传，百济寺是睿山延历寺的分寺，在十二世纪至十六世纪，规模曾多达三百多间僧房。但高速公路总是会破坏我们对名胜的美好向往，或许也只有让自己的心思粗糙一些，才能安心享受高速公路的便利。

须田先生却一点也不粗糙。我们来到多贺[①]，这里有卫生间和简单餐饮，是高速路上的一处休息区，没想到留存了很多近江古文化的多贺现在却仅仅只是一个满足生理需求的地方。

高速公路的高架桥下就是多贺大社这座历史悠久的神社。当年丰臣秀吉虽然对宗教不感兴趣，却也向这里进献过一万石米。关于这座庄严的神社，日本江户时代有种说法是“七拜伊势，三访熊野，多贺月月拜”。

① 多贺：滋贺县中东部大上郡的町，位于铃鹿山脉的西麓，作为多贺大社的鸟居前街发展起来。

我们在休息区里的一家餐厅点了咖喱饭。须田先生得知这里就是多贺，激动得脸颊泛红，显得十分兴奋："多贺大社应该就在这附近。"

我埋头吃咖喱饭，因为既然已经上了高速公路，对当地风土人情的感触和喜爱只能暂时收起，虽然有些逃避，但如果不这样，就会对这些地方感到无比惋惜。

"司马，你去过多贺大社吗？"须田先生继续讲道，"长谷川三郎在长滨躲避战火的时候，我去过一次，他英语很好，与驻日盟军也能交谈，大家都叫他近江圣人。"

须田先生讲话也像高速公路一样过于省略，"英语很好"和"近江圣人"之间省略了长谷川三郎的为人和思想。在这里顺便介绍一下长谷川三郎，他是一位画家，对促进第二次世界大战后日本的抽象画浪潮贡献极大，同时也是一位理论家。战争刚结束时，他对须田先生影响很大，他的口才很好，善于说服别人，曾对须田先生说："须田啊，其实道元和尚也是抽象派。"

当年，须田先生还是写实派，受他的一番话启发，不光转向抽象画创作，还喜欢上了道元和尚，可惜的是长谷川三郎英年早逝。须田先生呆呆地望着窗外的绿化树木，表情像寒鸦一样落寞，应该是想到长谷川了吧。

很快我们就到了伊吹山附近，照这个速度，不多加留意的话很容易错过共眠之乡。

"干脆直接开下去吧。"石川一边帮我们开车，一边提出建议。十年前我们曾一起去过高取城，他在大阪的商人家庭长大，性格豪爽大气，想法也和别人不同，建议我们与其小心翼翼地怕错过，不如直接开车到美浓（岐阜县）的关原盆地，回头再慢慢找。我们欣然接受了他的建议。

关原的“关”，就是不破关。这座关卡在日本古代很重要。奈良时代[①]以前，京都作为都城的时期，这里曾是天皇的防御要塞。除了这座不破关，还有防御敌人从北陆道[②]入侵的越前爱发关和抵御伊势方向来敌的铃鹿关，律令时代被誉为“天下三关”。不破关在壬申之乱（672）具有关键的战略性作用，但到了日本平安时代早期三个关卡都被撤销了。

我们离开名神高速，沿 21 号国道（米原—岐阜）向东驶去。21 号国道沿着旧中山道修建，修建时旧中山道就已荒废，留存下来的小路成了各个村子的村路。

终于我们开进了山区，道路左侧是伊吹山的南面，右侧已经过了铃鹿山，到了养老山的北面。道路右侧路标上写着“不破关遗址”。我对石川说，我们不用到关原盆地，在不破关遗址这里调头就可以了。我们已经到了美浓，现在所处的地点是岐阜县不破郡关原町，这里以前叫关原村，1954 年的时候把遗址所在的松尾地区和靠近近江的今须地区一起纳入了关原町。

不破关遗址在道路右侧（南侧），山与山之间只有这一块平地。岐阜县教育委员会从 1974 年起，耗时三年对遗址进行了考古发掘，

① 奈良时代：指 710—794 年。

② 北陆道：日本古道和行政区划。位于本州中部日本海一侧，横跨现在的福井县、石川县、富山县和新潟县。

发现了土垒、办公场所、铁匠铺等遗迹，之后交由关原町管理。从公路上拐过来，树林里有一座町政府建的资料馆，外形模仿关卡的办公场所，建得很漂亮，里面展示着精致的复原模型，还有发掘出来的屋瓦、陶土盘，陶土做的圆形砚台、瓮，有“和同开珎”字样的钱币等。规模不大但很有看头。

从遗址往北，有一段残留下来的古老的中山道，道旁伫立着一座废弃的茅草房。茅草房旁边有一小片茶叶田，周围是一圈杉树，古色古香的氛围，仿佛随时会有古人跑出来一样。

我们回到 21 号国道，继续往近江方向行驶。国道左边出现了一条岔路，很像是中山道的某一段。我们把车开进去，不一会儿就置身于一片树干发黑的杉树林里。路的右侧是山，左侧是一段很窄的平地。平地对面是铁路或公路的土堤，无数的芒草随风飘摇。

从杉树林出来又到了平地上。再越过护栏和铁道，我们终于又回到了古道上，这里的景象好像歌川广重画的浮世绘一样。道路两侧有许多房屋，有的像商住两用的城镇住宅，有的像农家院，还能看到车库。这里就是共眠之乡，我们当时却错过了。

参观不破关资料馆时，我向资料馆里的工作人员确认了一下共眠之乡的位置，她告诉我：“路旁有石碑。”

“刚才路过了一个石碑。”须田先生说。我们调头回去，果然看到路边有一块花岗岩做的方形石碑，一块毫无特色、极为朴素的碑，正面刻着

旧址　共眠之乡　美浓国不破郡今须村。

背面刻着：

明治三十六年八月建

我们一直专注于寻找两国交界处的小河，没有注意到石碑，我以为就算再小的河沟，上面也该有一座桥，但结果证明我错了。小河上并没有桥，河水从道路下面流过。道路下方是一条宽五十厘米左右的小河，看起来就是一条小水沟，这就是美浓和近江的古国境！小河沟两侧有石堤加固，但建得并不精致，农田就在两边。

我站在近江的田间，跨出一步就到了美浓，我在两个古国之间反复来去，又看向道路，发现国境线上是有人家的，但紧挨着古国境线的两户人家并没有共用一堵墙，而是隔着小河，房屋各自独立。只要站在屋外，两个古国的人就能小声聊天。到了夏天，热得睡不着的时候，也可以在屋外放一条长凳，隔着河昏昏欲睡地说说话。

美浓这边的田地往北一点，有一块刻着松尾芭蕉俳句的石碑。芭蕉在江户时，得知身在伊贺的母亲去世，于是动身前往伊贺，和他一起去的是住在江户浅草的苗村千里，他无微不至地照顾着芭蕉。芭蕉已经做好了思想准备，认为这次旅行也许自己会曝尸荒野，他在游记的开头也是这样写的，所以这篇游记就叫《野曝纪行》。旅途中他来到了近江，继而向东，途经近江与美浓交界处的共眠之乡，又路过不破关。

石碑上刻着芭蕉的俳句“……美浓和近江”，我以为《芭蕉文集》或《芭蕉句集》里会有这句俳句，当时没有抄写。回到家里，翻开《野曝纪行》却没有找到这句俳句，《芭蕉诗集》里也没有。我记得当时这句俳句应该是“元旦途经美浓近江，适逢闰月”。《野曝纪行》中的名句有“马一口吞下道边木槿”“试用清纯露水，洗我俗世污秽”等，和这些俳句相比，石碑上的这一句并不算是佳句。

我们在村子里转了三十多分钟，我突然想起1965年前后，曾向已故的茶道研究家井口海仙先生请教过茶具。他告诉我：“有一对茶匙叫共眠之乡。”这对茶匙一柄用美浓的竹子制成，另一柄用近江的竹子制成，收纳在同一个竹筒中，取名为“共眠之乡”，让这组茶具成了名作，但不记得这是什么时候、由谁制作的了。

太阳西斜，我对石川说：“我们回去吧。”汽车停在美浓这边，这正合我意。车开过小河，有一种近江之行启程的仪式感。

3 伊吹艾草

江户中期，有一位名叫柳泽淇园（1704—1758）的风流人士，号里恭。

他是大和郡山俸禄十五万石的重臣，被称为“权太夫”，平时应该是十分威严的，但只要一进入江户吉原的风月场所，立刻就成了无人可比的大玩家。虽然他也深知风月场里的美都是徒有其表，但他坚持认为美就是一种形式。

柳泽淇园写过一本非同寻常的随笔集《独寝》。其中提到女性必须要有风韵，而风尘女子是最有风韵的，还在书中对风尘女子使用敬称，十分推崇，并把普通女性称为“平女”，毫不留情地说她们无趣。或许，江户时代的武士、商人以及农家女子并不像现在的电视剧中演得那样充满魅力吧。确实，歌舞伎表演中最有魅力的女性角色也大都是风月女子。

风月场所的老板经常会聘请各类技艺的师父，教姑娘们学习诗词、茶道和香道等，以至于她们的言行举止都颇为优雅，堪比大户人家的姑娘。相反，平女们受的教育则是“女子无才便是德”，平平淡淡地长大、嫁人，与她们相比，吉原的风月女子一定是光彩夺目的。

不要以为淇园不过是一个纨绔子弟，他是当时数一数二的人才，尤其绘画技艺绝非一般画家可比。除了绘画，据说他还精通十六种技艺。

《独寝》写于柳泽淇园二十一二岁的时候，可见他十分早熟。他和学者荻生徂徕身份相当，平等交往，却又觉得和风月场所的文化相比，学问根本不算什么。

吾十三岁学汉学，现二十一岁将过。愿以多年所学换所慕风月女子之亵衣。

他虽写过这样的内容，却并不是一个癫狂之人。他知道，风月场所是虚有其表的幻境，其中的女子也是逢场作戏，但只有将自己代入这种气氛，才能体会到其中的乐趣。

淇园还曾引用一位前辈的话，“买女子时，不是我选姑娘，而是姑娘愿意跟着我”。一个二十岁出头的年轻人说出这种话似乎显得有些自负，但如果是淇园这样才学兼备的风流之人所写，读者也只好钦佩不已了。

当时，一些家底丰厚的人会为风尘女子赎身。对此，淇园这样评价道：

为女子赎身，则乐趣减半。如花千两迎女子出楼，则其踏出楼门时便贬值五百。五百两自出门之时起化为乌有。

也就是说，男人将女子带出风月场所据为己有，幻想就会减半。或者也可以说，风月场所的幻境才是精髓。对风月文化来说，正经严肃的汉学还不如女子的一片束带。

要想了解江户文化，我觉得《独寝》是非常重要的一部著作，我对柳泽淇园也很有好感。我们已经从美浓跨过那条小河到了近江，我突然想到了淇园，于是就写了上文。

淇园也曾途经这里，他从大和到江户履职时，经常取道中山道，《独寝》中也提到过这片山区，我在后文会提到。

我们一行从共眠之乡出发，沿着曾经的中山道行驶了四公里左右，来到一个小小的火车站——柏原站。淇园也曾到过这里的驿站。

柏原驿站在伊吹山南麓，伊吹山又叫胆吹山。日本古代将“呼吸”称为“吸吹”，伊吹山不断地吞吐风云。在古代的山岳崇拜中把从山上吹来的风看作神的呼吸。伊吹山海拔一千三百七十七米，是近江的最高峰。古人将这座山视为不断呼吸吞吐的灵物，而山上的药草也极多，更是增添了它的神奇。

《延喜式》是十世纪编撰的律令国家的法典，其中记录了地方各国向中央政府进贡的药草，而近江进贡的种类最多，达七十三种。这些药草大部分来自伊吹山。

伊吹山的药草中最具代表性的是艾灸用的艾草，当时人们认为伊吹山的艾草艾灸功效最好，而质量最上乘的艾草就长在伊吹山较高处。

前文已经提到过，《近江国舆地志略》是一本介绍日本江户时期近江地理的著作，这里面也简单明了地介绍了“伊吹蓬艾”。书中写道：

> 胆吹山之蓬，生于山高之处，高三四尺，或六七尺。

可见伊吹山的艾蒿个头还是挺大的。书中还说：

> 当地人每年五月五日采蓬，晾晒之。后置于臼中舂之，乃制蓬艾。于柏原站售之。

日本江户时代，在这座山中的驿站，有十几家沿街而建的艾草商铺，明治时期以后就只剩下一间了。江户时代，每家商铺都生意兴隆，途经中山道的旅客到了位于伊吹山南麓的柏原驿站，都会买上一些艾草。特别是各地领主携大批仆从前往江户履职或是回到各自领地的时候，途经这里时都会争相购买成袋的艾草，带到江户或自己的家乡作为礼品。有意思的是，艾草商铺都叫“龟屋”，正所谓“千年鹤，万年龟”，人们用龟来比喻艾草的药效。将名称统一为“龟屋”，也体现了近江商人做生意时平等竞争的风气。

再说回柳泽淇园。《独寝》中提到他途经近江前往美浓，自西向东行。根据他的身份，当时应该还带了几名家丁。据记载，他还乘了轿子，这有些不像是他的作风。柳泽淇园不光精通汉学和佛学等学问，还擅长弹奏三味弦，他的三味弦弹唱技艺让专业人士也为之赞叹。他上知天文，下通草药，制药的技术也很高超。而最厉害的还是他的武艺，骑射刀枪样样精通。尽管他当时的俸禄已经高达两千石，且身居高位，但也不至于年纪轻轻的二十岁就坐轿子上路，估计是到了驿站入口处，迫于身份才上了轿。

前文提到柏原驿站里的艾草商铺都叫龟屋，而柳泽淇园在书中写道还有叫“虎屋”的，也许是淇园看错了，但现在也无法考证，即使考证也没有多大意义。

> 途经近江与美浓之时，有秀丽之伊吹山。虎屋、龟屋，店铺林立，所贩之物为艾草，装入纸袋而售之。当地人云，龟屋之艾草极佳。吾于肩舆之中所见龟屋数间。又有人云，因市川团十郎将伊吹艾草编入剧中，使其名声更盛。以致不用三升伊吹艾草，便不受艾灸……

这段文字的后半段提到，日本江户时期有人在歌舞伎表演中宣传伊吹艾草的功效，让当地的艾草声名远播。淇园的观察十分准确，接下来就和大家讲讲这件事，近江商人的厉害之处被体现得淋漓尽致。

日本奈良时代，伊吹艾草就已有很好的口碑了，但随着时代变迁，渐渐被人遗忘。这时，伊吹山麓的柏原地区出现了一位名叫松浦七兵卫（龟屋佐京）的奇才，正是他复兴了伊吹艾草。

1936 年，柏原的地方史学家中川泉三写了《伊吹艾草和龟屋佐京》。书中的肖像画显示七兵卫浓眉、青色胡楂，有一种不同于一般商人的粗犷之风。画中他的身后有一个棋盘，上面随意地放着书籍，他的左手边是茶道用的烟草收纳盒，扇子斜放着，透出一种非同一般的才气。

近江的商贾之家，最初都是由一位才能出众的创始人挑着扁担四处销售货物，逐渐打下基业。近江商人非常具有外销的意识，这一点和别国的商人不同。他们不光到京都、大坂和江户经商，还把业务扩大到了奥州和松前（北海道），一旦盈利，就在各地开设分店。

中川泉三在书中介绍，松浦七兵卫是在松平定信（1758—1829）政权时期前往江户经商的，这比柳泽淇园途经柏原驿站晚了半个世纪。淇园年轻的时候，市川团十郎的歌舞伎表演让伊吹艾草声名远播，但到了七兵卫的年代似乎就不那么知名了，于是七兵卫展开了宣传攻势。

七兵卫在前往江户的途中，沿途到各家各户贩卖艾草。到了江户，他又到各处销售。积累了一些资本后，他就去吉原大肆挥霍，花钱请艺伎和风月女子。过了一段时间，吉原的风月场所对他青睐有加。这时候他觉得时机已成熟，便设宴款待多名艺伎。他介绍自己的时候，用的就是龟屋佐京家这个称号。书中是这样记载的：

> 他说："这段时间我在吉原和大家相熟，将收入尽数投进这里。而今晚我有一事相求，大家可否一听？"席间艺伎便说愿意帮忙。他说："今后有了收益，我一定光顾。我是江州柏原的艾草商人，想请你们此后每晚为宾客歌唱助兴时，用三味弦伴奏，唱一段伊吹艾草的歌。"艺伎便问歌的内容。他说歌曲极为简单，"江州柏原，伊吹山脚，龟屋佐京之艾草"，只此一句。他叫大家唱来听听，艺伎

们觉得有趣，便一同唱了起来。

当时，吉原引领了许多流行风潮，因此这首简单明了的广告曲也广为流传。七兵卫的宣传语好就好在强调了“伊吹山”这一山名。山名使人联想到药效好，这种关联深深印在了世人的脑海里。七兵卫还雇了很多伙计在江户沿街叫卖，叫卖的时候就喊：

> 瞧一瞧，看一看啦，名产伊吹艾草，用此艾草艾灸能祛病，保证能治百病。看啊，名产伊吹艾草。

叫卖内容里的“保证”也许是误传，这个词在当时已经存在，但只有艺伎和艺人这些江户时代的特定团体使用，一般人用会显得不雅。商人在销售商品的时候一定会注意语言，因此这里可能并没有使用“保证”一词。总之，在沿街叫卖的时候也出现了“伊吹”一词。光是说出伊吹山的名字，就让人觉得艾草中是有灵气的。就这样，七兵卫获利千金。

上文的故事发生在七兵卫单身的时候。他回到故乡柏原后，一口气买下五十三处田地，成了大地主。购地花了八百九十五两，地契还保存在龟屋佐京家，应该是确有其事。

按照当时近江商人的传统，要先立业再成家，婚前需先打好基业。七兵卫也是在积累了财富后才结婚的。当时办婚礼的时候，村里的年轻人要向新娘一行扔泥巴，用竹竿击打他们携带的各种物品，这是当地传统的庆祝方式。轮到七兵卫结婚的时候，由于他功成名就，引人嫉妒，于是当地的年轻人大肆破坏，连一行人携带的衣箱都被砸坏了。

七兵卫从面相上看是个凶狠之人，对此应该是十分生气的。但他竟能把愤怒都转为商机。他把自身的成功、村里人的嫉妒以及打砸行为写成了故事大纲，找到大坂的曲艺作家，编写了《伊吹艾草》的故事，在道顿堀和京都的誓愿寺剧场上演。此后，亀屋佐京在京都和大坂也得到了宣传，艾草的销量更是节节攀升。

编辑部的藤谷宏树告诉我："七兵卫家的店铺应该还在。"我又让他帮忙问了一下，发现店铺就在中山道的柏原驿站中。江户时代的柏原艾草店都不在了，只有亀屋佐京流传了下来。一方面是因为它规模极大，另一方面也是因为传承了七兵卫的遗训。它应该是日本销售单一商品的商铺中历史最悠久的一家了。

安藤广重（1797—1858）曾画过亀屋佐京店铺的景象。他的作品中《东海道五十三次》最为著名，另外"木曾街道六十九次"系列画作也广为人知，木曾街道就是中山道。《柏原》画的就是亀屋佐京家的店铺。

画中的近景是两顶轿子，轿子的主人正在买艾草。店里摆着巨大的招福童子像和伊吹山模型，客人都是旅客，店里的一名掌柜和一名伙计正在接待客人。店铺分为两部分，左边一间不用来卖货，是七兵卫别出心裁设置的休息室。休息室的样式很是雅致，仿佛茶室外的等候室，却更宽敞一些，里面放着三条长凳，有两个人坐在里面抽烟，看似比隔壁店铺中的客人身份更为高贵，他们身后是一座漂亮的庭院，顾客在休息室里一边欣赏着庭院风景，一边缓解旅途的疲惫。看风景自然是免费的，但坐在这里的人一定是买了艾草的。

这是七兵卫的独到之处。他积累了一定资产后，就修建了广重画作里的店铺和豪宅，还在宅子里建了大型的庭院，不是为了自己享受，而是为了服务旅客。庭院里的池塘旁还有一座“藏六亭”，专门用来招呼途经柏原驿站的将军进去歇息。既然休息了，贵为将军之人就不能不买艾草了，而只要购买便是大量。

柳泽淇园途经柏原驿站时，应该是七兵卫的父亲或爷爷在经营店铺。当时龟屋佐京也是许多艾草店铺中较大的一家，但还没有上文提到的这些设施。

龟屋佐京的店铺一直经营到现在，宽敞的门面比广重的画作中规模更大，画中的二楼面积较小，但现在已经和一楼一样大了，现在的店门不像画中那样全部敞开，而是一半敞开一半装有京都式镂空木门。店门外挂着一块写有“伊吹堂”字样的牌匾，这也是广重画作中没有的。牌匾上的字体、做工、色泽都是日本现有的古牌匾中数一数二的，房檐下挂着长长的一排暖帘，上面印着“伊吹艾本家龟屋佐京”字样。

广重画作中的休息室在江户时代变成了一栋独立的建筑，大门很宽敞，专为迎接身份尊贵之人设计，进去以后会路过一座小庭院，旁边就是内侧入口，入口处有几级台阶，登上去就是玄关。这里应该是在有资格接待王公贵族后才建起来的。

我们先打电话联系了松浦家，对方欣然同意我们前去参观。我们到的时候，现任族长松浦宏一和他儿子松浦元一郎在门口迎接，这让我很是惶恐。

我本来只想参观店铺的外观，没想到二位邀请我们进屋，我也只好恭敬不如从命了。进门后到了一间客厅，似乎是当年的藏六亭，这里可以看到漂亮的庭院，据松浦宏一介绍，现在的庭院比江户时代小得多，还提到柏原驿站还是记者吉村正一郎的家乡：“我和正一郎同岁，我们从小就是好朋友。”

我和须田先生也认识吉村正一郎，松浦先生真是不简单，吉村正一郎已经去世，和他同岁的人大概 80 岁吧。

我问道：“那他的弟弟吉村公三郎导演也是这里的人吧？”松浦宏一给了我肯定的回答。吉村正一郎曾住在京都，在京都府立第二中学上学，吉村公三郎则在隔壁岐阜县的大垣中学就读。

我又问，是不是当时到滋贺县的中学上学不太方便。松浦宏一告诉我：“美浓（岐阜县）离得更近。”

老族长松浦宏一气质温和，儿子松浦元一郎却十分豪爽。他多次邀请我们看家里保存的旧时文件，我怕这样太过唐突便谢绝了，最后很是不舍地辞别了他们。

4 彦根城

关原之战（庆长五年，即 1600 年）结束后，日本迎来了历史上最为和平的统一年代。参加关原之战的人数是日本历史上参战人数最多的，这场大战没有发生在津轻或萨摩，而发生在本州中部的美浓，当然这也是政治上的必然，而战役的结果直接影响了近江。

主力部队的决战在贯穿关原盆地的中山道上打响。早上不到八点，战斗就开始了。当时浓雾弥漫，关西的军队表现不错，一直到正午还没有分出胜负。然而到了下午的时候，关西的小早川秀秋将军倒戈，这使得关西一方战况急转直下。经过八小时的奋战，下午四点左右，关东的军队赢得了战役。

战后下起了细雨。当晚，德川家康就住在战场边上，而他的近侍井伊直政（1561—1602）并没有休息，奉命开始进攻近江，因为不攻下近江，胜利就不稳固。具体来说是要攻下近江的石田三成所在的佐和山城（位于现在的彦根东北方向）。德川家康为井伊直政召集了曾在丰臣秀吉手下带兵的多名将领，又给了他一万五千人的军队。

井伊直政要完成任务必须途经我们前面到过的美浓地区的今须和共眠之乡以及近江的柏原，但是山路狭窄，挤满了人和马，前进并不顺畅。

当时，军队在九月十四日连夜赶路，十五日一大早就开始了战斗，连续激战八小时。士兵已经筋疲力尽，于是直政下令在共眠之乡所在的今须地区休整一夜。

有文献提到，趁中山道堵塞无法行进的时候，关西军队的残兵败将装扮成关东士兵，大量混入了军队。当然，混进去的并不是知名的将领，而是一些普通士兵。有人将这一情况汇报给了统领军队的德川家康，德川家康下令不用处理。家康大概认为，大获全胜后无须在意细节吧。

井伊直政担任进攻近江的总司令后，德川家康将彦根交由其管理，彦根城就是井伊直政的儿子后来修建的，井伊家也由此成了俸禄三十五万石的重臣，并一直延续到明治维新。

在德川家康麾下，像直政这样深受信赖的重臣并不多。

德川家康出身于三河地区，而井伊直政是远州井伊谷人。井伊家族的历史可以追溯到平安时代①晚期，家族有人曾担任井伊庄园的地方官吏。和战国时代不知从哪里冒出来的各路武士家族相比，井伊的出身算是非常正统的了。室町时代，井伊家追随今川家族，直

---

① 平安时代：指 794—1192 年。

政的祖父在桶狭间战死，其父遭到今川家怀疑，受到军队的攻击并惨遭杀害，直政儿时跟随母亲四处漂泊，德川家康的势力扩大到远州后，年轻的直政受到赏识，重新获得了井伊谷的领地，还成了家康的近侍。对于井伊直政来说，德川家康不光是他的君主，还是他的恩人，因此他终其一生为家康奔波，为德川家尽忠也成了井伊家的家训。

家康经常私下和直政商议政事。直政心思缜密，思考周到，发言谨慎。家康在写给儿媳——德川秀忠的夫人的信中曾提到，“直政会在没有旁人时，私下对我提出意见”。德川家康是不轻易评价他人的，可见直政在他心目中的重要地位。

井伊直政还是一位刚勇之人。古代的军事术语中，有“突袭”一词。两军相持时，有的将领会在军队尚未调整好时趁乱突袭敌军，这种战术和行为叫作“突袭”。德川家康进攻近江的战法就属于突袭，而井伊直政一上战场便一改平日的谨慎，承担起了突袭的重任，且在他一生经历的十六场战役中未尝败绩。因此德川家康十分器重能力出众的井伊直政。

另一方面，德川家康对武田信玄十分忌惮，但又垂涎他的用兵之法。武田家族在武田胜赖那一代灭亡后，家康在织田信长的许可下，收留了许多武田家颇有才干的将士，又将这些人编入直政的麾下。

武田家曾被称为“赤备军”，因其所率军队的铠甲、旗帜、马鞍和马鞭都是红色的。井伊直政自己也采用了红色铠甲，并将部队的所有装备涂成红色，被世人称为“井伊赤备”。原隶属于武田家的将士广濑美浓和三科肥前，成为井伊的家臣后，将武田家的阵法和战术传授给了井伊直政。可以说，井伊家继承了武田信玄的军事思想。

以上这些都不是井伊直政的个人选择，而是奉德川家康之命。大部队决战时，先锋部队要像匕首一样锋利，在敌方军队中撕开一条口子，德川家康将井伊直政变成了这把匕首。

井伊直政也没有辜负德川家康的期望。在丰臣秀吉一统天下势力正盛之时，丰臣秀吉为了让占据东海地区的德川家康归顺自己，在日本天正十二年（1584）于尾张的小牧与其大战。战况胶着之中，丰臣秀吉的军队对德川家康一方的坚韧深感棘手，特别是井伊直政所率部队的勇猛更是让他们忌惮，称其为“赤鬼”（据《甲阳军鉴》）。

在这里，我又想到另一段历史。在直政的十几代之后，井伊直弼任彦根藩领主。幕府末年，他作为幕府重臣，以强硬手段试图平息混乱时局，大规模镇压王公贵族、各地将军以及臣子中的反对派（安政大狱），世人称其为“井伊赤鬼”。这个称呼中包含的恐惧甚至要大于仇恨。

井伊直政率领部队参与了关原之战，战况极为激烈，他本人也身受两伤。两年后旧伤复发，四十多岁就去世了。他的性格和所作所为奠定了井伊家族在德川幕府中的重要地位，直到幕府统治结束。

井伊直政的政治思想、人物性格和人生经历也成了彦根政府行事作风的基础。下面我再介绍几个关原之战结束后直政的故事。

战役结束后，直政得到了近江佐和山城领主石田三成的领地。从他以前的行事就可以看出，他在社会治理方面是十分优秀的。在丰臣秀吉统治的时代，德川家康奉命掌管关东地区，并将价值十二万石的上州箕轮交给直政管理。当地曾是小田原北条家的领地，直政召集北条家的旧臣，详细询问以前的行政管理方式和各种惯例，取其精华去其糟粕，因此得到了农民的支持。但他并没有放松对农民的管理，农民希望收成不好的年份能够降税，他不但没有同意，还捉拿了极少数不服从规定的人，并处以极刑。作为当权者，他以这种以一儆百的方式，没给当地武士任何可乘之机。

日本江户时代的二百多年里，井伊家治理彦根基本没有苛政，和其他地区相比，治理得也是比较好的。在设藩早期，直政雷厉风行的治理风格，在他的儿子井伊直孝身上也有体现。当年封建制度下的武力统治方式，也对多年后的井伊直弼产生了影响。黑船事件后社会动荡，井伊直弼身为幕府重臣，其政治思想还留有多年前家族统治方式的影子。在封建时代，优秀领主的思想会成为整个领地治理的理念。对井伊家来说，井伊直政不只是一名历史人物，他的思想对后世也产生了深远的影响。

我们开车经过了柏原。我在车里摊开地图，计算日落的时间。我们已经离开了伊吹山来到了平原。

我问正在开车的石川："我们到彦根的时候，该天黑了吧？"我们走的路线，和井伊直政于关原之战后前往攻打佐和山城时所走的路线基本相同。

石川说："应该天黑之后才能到。"

关原之战失败后，石田三成独自一人逃进伊吹山里销声匿迹了，不是因为怕死，而是他坚定地认为身为主帅就该如此。石田三成受到的教育认为"将军的勇气和走卒不同，即使战败也不应赴死，而要活着等待东山再起的机会”，这里面貌似可以看到屡败屡战的汉高祖刘邦的影子。

石田三成起兵反抗的成功概率原本就很小，他在丰臣政权下的地位不过是行政官员，家业也只是近江佐和山不到二十万石的规模。他虽然身处利益至上的战国时代，却有自己的原则，忠义之心很强，这是不多见的。忠义这一美德总是伴随着不可能，心中明知何为正确，在权衡利弊后即使明白难以实现，却还要去做，这即是“义”。

丰臣秀吉去世后，石田三成虽身份低微，却说服了一批或实力雄厚、或历史悠久的将军贵族支持自己，并集结了大规模的军队，勉强可以和身家高达二百多万石的德川家康抗衡一下。他不是由各种势力推选出来的将领，但这并不影响他以主帅自居。他藏身伊吹山中被捕后，也不忘向他人强调自己的身份和思想。

德川家康在派人搜寻石田三成的同时，命令井伊直政等人进攻佐和山城。

关原之战后，关西军溃败，石田三成也失踪了，但佐和山城还在，城中只剩无法参战的老人、妇女，以及士兵的家眷。石田三成的父亲石田正继、兄长石田正澄和其子石田朝成、三成之子石田重家、岳父宇多赖忠及其子宇多赖重等人，均被城外一万五千名关东军包围。德川家康急于攻下佐和山城，以期早日进军大坂控制当权的丰臣秀赖。德川家康表面上继续让丰臣秀赖掌权，实际上却将国家的运作纳入了自己的掌握之中，施展了一场政治魔术。为了尽快扫清佐和山城的障碍，他没有选择歼灭对方，因为这种做法太过耗时，而是要求其敞开城门投降。

德川家康派家臣船越五郎左卫门前去交涉，船越谎称石田三成已死，并传达德川家康的要求：“三成家的主要人物剖腹自杀，士兵投降可免去一死。”

石田三成的族人及家臣都认为德川家康阴险狡诈。在那个年代，除德川家康之外，也只有九州的黑田如水算得上是政治家，难怪石田家的人没有见过这样的政治手段。石田正继等人经过一番讨论后，决定代替将士由族人剖腹自杀。

为了确保德川家康如船越所说放过城内士兵，他们派出津田仙庵父子找德川家康亲口兑现承诺，但家康手下的胁坂安治不明情况，在途中误将父子二人杀死。

因此，他们认为家康果然在欺骗他们，便决定奋战至死，但石田三成的父亲石田正继和兄长石田正澄等人并不强制士兵，只让愿与他们一同赴死的人留了下来。

只有从大坂过来增援的丰臣秀赖的援兵长谷川守知从水渠逃到了城外，投奔了进攻方小早川，剩下的两千多人留在城中激战了两天，或战死，或自尽。从这一结果也可看出，石田三成是深得军心的。这里顺便提一句，石田三成的家臣基本都是近江人。攻城胜利后，井伊直政接管了石田三成所在的近江领地，在统治时期他也考虑到近江人的特点。

丰臣时代的将领中，石田三成和加藤清正最为重视民生，也深受农民支持，因此让井伊直政接管石田三成的领地是再合适不过的了。

关原之战结束七天后，石田三成被捕。十月一日，在京都的六条河原被处死。行刑前，德川家康将其交由井伊直政看管。把死刑犯交由接任领地的人看管，家康的这一决定十分残忍。但直政却恭敬地以城主的待遇礼遇对方。井伊直政的为人处世让我想到了英国贵族。

《井伊家年谱》中写到，德川家康占领了大坂城后，称赞井伊直政："汝之功巨大，实为开国元勋也。"井伊直政此前的俸禄是十二万石，得到石田三成的领地后，上升到了十八万石。虽被誉为元勋，身家却增长不多，这十分奇怪，由此也可以看出德川家康的老到之处。后来，井伊家的俸禄逐渐增长到三十五万石，在历代德川家臣中是最多的。

井伊直政接管石田三成的领地后，入主佐和山城。他尊重石田时代的法令和习惯，并且召集战国时代流落民间的佐佐木家和浅井家的旧臣，详细询问了近江的民风。

他命令家臣"不要提关原之战"。如果关原之战的情况流传出去，就会有损石田三成的名誉，无形中伤害许多爱戴石田三成的人民的感情。另一个原因是关原之战中关西部队的主力（石田三成的军队）均为近江人。德川击败近江人的军队进而夺取了天下大权，井伊直政又成了近江人的统治者，这些因素都要考虑进去。战国时代，人的性格大都简单粗暴，像直政这样心思细腻的再无二人，让井伊直政管理近江是德川家康最为绝妙的安排。

当时，家康还赋予直政"监视关西三十余国的王公贵族"这一重任，关西诸国自然也包括京都的皇室。关于这项职责没有明文记载，但井伊家代代相传，这为其家族形象也增添了一份厚重感。这里又要提到身处幕府末年的井伊直弼，他的政治思想也深受这段历史的影响，由他独断主导的安政大狱可以说是忠实地执行了家族历代相传的使命。

井伊直政四十二岁去世时，将后事托付于老臣木俣守胜，他多次强调关注关西诸国王公贵族的动向。虽说是“诸国”，但其中具中有威胁的也只有长州藩的毛利家和萨摩藩的岛津家。

据《木俣土佐纪年自记》记载，直政死后，木俣守胜火速前往觐见家康，汇报了此事。家康向其说明佐和山城地理位置的重要性，命他“务必保护幼主（井伊直继，十二岁）”，还特别强调“天下之关键在于此”。可见监视毛利家和岛津家的职责是极为重要的，而井伊家也世代继承了这一职责。

直政在世时还没有修建彦根城，后由他的儿子直继（后更名为直胜）负责修建，命他建城的则是幕府。幕府在庆长九年（1604）下令建城，当时直胜十五岁，还没到能够承担重任的年纪。

德川家康决定修建彦根城，是因为他日后定会讨伐占据大坂城的丰臣秀赖，于是命井伊家寻找要塞之地。臣子们将地点选在彦根山（金龟山）时，他深表赞同，“要塞之址便选为此”。（《井伊家年谱》）

德川家康决定由政府负担建城费用，从江户派了三名建筑师，还命令伊贺、伊势、尾张、美浓、飞驒、若狭和越前七国的十二名将军配合建设。

我们路过彦根车站附近的商业区时，天已经黑了，街上没有什么行人，两侧商店透出的灯光显得格外寂寞，现在还不是冬季，这里却带有一种日本北方地区冬天才有的纯洁。

车辆经过彦根城后离湖越来越近了，我们找到湖边一家新建的旅店，安置好行李后便在大堂稍事休息。旅店大堂朝着湖的一侧是整片的落地窗，可以看到一大片潋滟的湖水，刚刚经过的彦根城地势较高，像海岬一样突了出来，在远处衬托着湖景。

当晚，隔着湖彦根城的天守阁被灯光照亮，泛着白光耸立在高处，这番景象让我心情激荡。明治维新时，受中央政府之令，多座城池被拆毁。据说，当年明治天皇看到彦根城后，为它的典雅所动便命令保留了下来。

彦根城虽然是威慑关西三十余国的象征性建筑，却气质柔和，优雅地立在湖边。不知道是德川家康命令建城的功劳，还是近江古建筑的特色，这里的建筑和围墙都是从附近的佐和山城以及佐佐木家（六角家）的观音寺城移建过来的。可以说，彦根城将古建筑巧妙地重新整合，成了近江建筑的精髓所在。

5 金阿弥

晚上，我们离开湖边旅店，到彦根城附近吃饭。

湖面并无光亮，显得地面反而更亮一些，街道上四处点缀着恰到好处的黑暗，别有一番风情。

我随口说道："这里真平静啊。"

同桌的秦正流接着说："黑暗能让人平静。"

秦正流是我上学时的师兄，在报社工作多年，最近刚刚退居二线。听说我们要去近江，他说"咱也去"，傍晚时分在旅店跟我们汇合。秦是近江人，住在东京。他喜欢自称"咱"，但这并不是近江方言。

"咱"这个称呼，来自大阪府从河内地区到市区范围的方言，都是些管教不严的顽劣少年在使用。据我所知，二十世纪三十年代的时候就没什么人用了。现在还使用曾经的大阪方言的人，大概只剩在道顿堀表演的松竹新喜剧剧团，剧中多是用方言表现船场地区的商户。这样想来，全日本可能也只有秦还在用“咱”称呼自己。

1955 年出版的《大阪方言事典》（牧村史阳编撰）中，这样解释“咱”一词：

男性自称，“咱”最粗俗，“我”较正式，“吾”最正式。

秦从上学时一直到工作长期在大阪生活，应该很清楚这个词的意思，他还会用“咱家”这种说法来指他在东京的住所石神井。

近江方言很优雅，特别是彦根城区的方言，和京都方言很像。有一次，我在彦根偶然听到两位老人家在聊天，她们的语言就像音乐般悦耳。

近江净土真宗（一向宗）寺院的语言风格和城镇居民、商人都不一样，也很有气质。笠原一男研究十二世纪至十六世纪与净土真宗有关的政治和社会史，并在这一领域开创了新的研究方向，他在二十世纪五十年代中期出版的著作中指出，随着十二世纪至十六世纪民间经济的发展，莲如派系发展壮大。莲如的净土真宗教派发展稳定后，总部演变为贵族，分寺演变为“乡村贵族”。

“乡村贵族”一词引人关注，这种情况在京都和大阪很少见，主要出现在从北陆到近江一带。这一现象一直持续到二战结束，昭和初期出生在净土真宗寺院的人，年少时应该就生活在这样的环境中。住持的家庭里将父亲称为“公”“翁”，母亲称为“堂”，这都是贵族用语。普通人则称在寺院生活的少年少女为“郎”“媛”。这种现象和寺院的贫富无关。

秦是近江一位净土真宗寺院住持的二儿子，我曾问过他是否被称作“郎”，他没有回答，又问他乳名叫什么，他告诉我：“咱的乳名叫什么什么。”像他这样出身的人，用“咱”自称一定经历过一番精神和思想上的挣扎。

近江人从江户时代开始经商，对京都和江户的经济发展十分了解。即使不是商人，也对两地文化有很深的认识。我认识一个家在彦根的女孩，嫁到了京都祇园的一户开餐馆的人家。当时使用京都传统方言的人已经越来越少了，但她刚嫁过去，就能十分自然地说一口流利的传统方言。

我本以为大阪船场地区的方言是京都方言的变形，后来才发现它的语源也许就是近江方言。船场的主要商户中，许多都是近江人。江户时代和明治时代，船场从近江雇用学徒；大正时代，又聘用近江八幡地区的八幡商业高等学校的毕业生；到了十九世纪至二十年代中期，开始从彦根高等商业学校招聘人才。是他们创造了大阪方言，并一直被沿用了下来。

在这样的历史背景下，秦却用“咱”来自称，我对他的经历很是好奇。秦没有和近江疏离，不自恋，又有强烈的身份认同感。他爱自己的故乡，爱自己出生的寺院所属教派的总部——西本愿寺，也爱开宗之祖亲鸾；他爱自己工作了大半生的报社，甚至还爱比我早毕业十年的大阪外国语学校；当然也爱日本的社会和这个国家。这些都和自恋无关。

以上就是我所认识的一位近江人。

回到旅店后，我感觉自己的精力大概只剩百分之三了，虽然很想用仅剩的一点精力来喝酒，但也喝不动了。于是我便随手翻开了《彦根市历史》（1960 年出版）的上册，发现了一幅漂亮的古地图——《彦根古绘图》。这幅图以井伊家保存的地图为蓝本，参考彦根市图书馆的副本，由画家上田道三绘制。绘图时，彦根山（金龟山）上还没有修建彦根城。

下面我想聊聊这幅古图。前文已经提到，彦根藩的开藩之祖井伊直政出身于远州井伊谷的名门，十五岁时被德川家康赏识。据说德川家康任远州滨松城城主时，一次出门放鹰途中遇见了井伊直政，便把直政带回城中，先让他住在厨房，后来为他安排了十六位旧臣，并将他的名字从井伊虎松改为井伊万千代。

当时直政年纪尚小，因此德川家康并没有马上给他封地或发俸禄，实际上是在抚养他。对少年的这种待遇被叫作“住厨房”，用当时的话说就是“暂留厨房吃饭”。这是一种不错的待遇，曾在“厨房吃饭”的年轻人，后来大都成了城主的近侍。城主经常关照他们，因此他们在性格发展上也容易受其影响；同时也想为城主尽一份力，因此会比别人更加忠心。这就像德川家康专用的军官候补生制度。

丰臣秀吉在织田信长麾下担任近江长滨城主的时候，几名少年从他的故乡尾张中村前来投奔，他们在丰臣秀吉的城里白吃白喝，由秀吉的夫人照顾，战争时期就跟在秀吉身边。其中具有代表性的人物是虎之助（加藤清正）和市松（福岛正则），他们在年少时作为丰臣秀吉的“军官候补生”，这段经历给他们的一生都带去了巨大的影响。

德川家康将井伊万千代养在滨松城，还为他分派了一名叫金阿弥的“同朋”。丰臣秀吉收留几名少年后，由他的夫人照顾，但德川家康的夫人不具备这样的能力，因此就由一名男性照顾直政。

介绍金阿弥之前，要先说一下什么是“阿弥”或“同朋”。

阿弥指的是方外之人（俗世之外的人），他们可以不穿僧服，可以不诵经，可以结婚生子，但都要剃度，无论虔诚与否，都属于时宗（也称时众）的教徒。

一遍上人（1239—1289）开创了时宗。他云游全国，宣传诵念“南无阿弥陀佛”，据说其一生一共吸收了二百一十多万信徒。他的伟大之处在于不设立组织。他不断云游，总是在路上，不掌管寺院，也没有结成团体。他对念佛的宣传作用甚至超过了法然、亲鸾等大师。甚至有人认为，亲鸾的后代莲如所率领的真宗教派就吸收了遍布全国各地的时宗信徒。

一遍上人生于镰仓时代，到了战国时代，他创立的时宗已经有名无实。为栖身于当权者身边，民间一些有学问的人会自称是时宗教徒（方外之人），有些人或为当权者传授知识，或表演才艺，甚至无学无才之人也可以为当权者端茶递水、照顾起居。室町幕府将做这些事的人统称为“同朋众”。

关于这个词的词源，江户时代中期研究宫廷礼法的伊势贞丈（1717—1784）在《贞丈杂记》中提出过多种说法，但都不准确。伊势贞丈是一名武士，可能不了解净土宗的词语和习惯。我认为词源其实很简单，镰仓和室町时代的时宗教徒就是用“同朋”来称呼信仰相同的人。真宗主张设立团体，虽然和时宗有不同之处，但也把这个称谓沿袭了下来。现在，真宗寺院在讲经的时候，如果发现寺庙里的施主和教徒们气氛有些低沉，讲经法师就会提起声调高呼“同朋们”，以提振气氛。

室町时代的同朋对日本的文化发展做出了很大的贡献。室町幕府的同朋观阿弥（1333—1384）开创能乐，他的儿子世阿弥（约1363—1443）又将其完善，他们深受足利义满将军的喜爱。足利义政将军的同朋立阿弥和台阿弥则开创了插花艺术，能阿弥和相阿弥精于茶道。可以说，同朋开创了诸多艺术形式。

战国时代的将军家臣，也和室町时代一样，有同朋的职位。但战国时代的同朋没有开创或发扬新文化，不像室町时代的同朋那样功绩显赫，他们只是奔走于将军和他的家人之间，为其处理生活琐事，但金阿弥作为其中一人却有些不同。

德川家康掌管滨松时，从自己的同朋中挑选了金阿弥，让他去照顾当时十五岁的井伊直政。我觉得金阿弥应该不只照顾直政的生活起居，还会作为家庭教师辅导其学习。

金阿弥是一位了不起的人物，前文提到的《彦根古绘图》据说就是由他所作。这张古图是当地的俯视图，画面正中心是曾属于石田三成的佐和山城，井伊直政后来就居住在佐和山城中，因此将其作为中心也无可厚非。但图的注释中并没有标注“佐和山”，只写了“古城”，也没有提到井伊家的城池。绘图时彦根城尚未修建，图中也没有标注“彦根城”，只绘制和标明了“彦根山”。直政去世后，德川家康决定在彦根山上修建城池，金阿弥担心山河景观会发生巨大变化，抑或是出于惋惜，于是他决定遍游山野，将当时的景观以图画的形式保留了下来。

我们假设金阿弥出于自身立场，并不怀念石田三成统治的那个时代，但他却将曾经属于石田三成的古城详细地绘制了出来，包括地名、建筑位置、武士及普通居民的生活区域、铁匠铺聚集区、马厩等，甚至连荷花池和松树的位置都详细标注。爱护环境正是人类生存的基本文化素养。

彦根山在整幅图的左侧，只是一座山，并没有多余的说明。这幅画作完成后，修建了规模宏大的彦根城。建城的工程浩大，甚至将山脊削平，山上多处被夷为平地。彦根山中，曾有彦根寺、门甲寺等寺庙，建城时均遭拆除。古图中记录了包括寺庙在内的全部旧时建筑，山脚下的村庄在图中叫“彦根村”，有一片广阔的农田，但在建城时，周边区域也被改造了。图中对彦根村的描述十分详尽，比如建城前村中有一处水潭，后被填埋成了武士居住的区域，图中对这处水潭进行了十分细致地描绘。

我想说的不是金阿弥热爱绘制地图。他生于十六世纪晚期，生活在十七世纪早期，那个时代的人竟然对自然和人类活动如此关心和热爱，这一点让我十分惊讶。

彦根山临近澙湖，在澙湖和琵琶湖之间有一大片沙洲，四条河流将沙洲分为三块。当时这四条河分别叫一川、二川、三川、四川，图中说明四川流入琵琶湖，

> 河口处鱼极多。

这处注释不知道是金阿弥亲手所写还是临摹者后来添加的，

它想说明的是后来井伊家在这里建城时，将河改道，导致鱼减少了。对此，我们应该对祖先肃然起敬。日本历史上没有建设多么了不起的大工程，但古人已经注意到，改造彦根山、建设城池等活动导致河口沙洲的鱼类栖息地发生了变化。他们对自然是怀有敬畏之情的，这种心态让我感到震惊。

大概在井伊直政被德川家康派驻到近江之后，金阿弥改掉了“阿弥”的称号，更名为花居清心。他的俸禄是三百石，以井伊家的规模来说，三百石相当于高官的待遇了。花居清心常年侍奉直政，据《彦根古绘图》记载，直政死后，花居清心退还俸禄，隐居山村。

辞官返乡，居于乡间，常前往觐见直孝主公。

花居清心的故事只有这么多，从这些故事中可以发现他无欲无求。封建时代的俸禄都是要传给子孙后代的，即使没有孩子也可以收养，以期晚年有人照顾，但花居清心却放弃了这一切。

据我推测，井伊直政成年后也许常和花居清心商讨政事，作为报答，将他的俸禄定为三百石。庆长年间，各藩沿用战国时代的制度，武士的俸禄是用来养兵的。三百石足够一名武士蓄养数名士兵，战争时带上他们，从而发挥出价值三百石的战斗力。花居清心是这个时代少有的文官，他不需要上战场，也不用养兵，因此三百石对他来说是极高的俸禄。由此也可以看出花居清心的功劳之大。

直政去世后，花居清心将俸禄退还，这是很不寻常的。到了井伊直孝掌权时，他还经常到访城中，或许是直孝经常邀请他前去，从他与直孝的交往中也可以看出他的为人。

三河地区有姓花井的家族，其中一些人还是德川家康的家臣。金阿弥从不能世袭的同朋升职到家臣的过程中，应该是报过姓名的，我猜他是在那个时候将“花井”说成了“花居”。

近江人的精神传承中，似乎都有隐退的思想。比如中江藤树曾任地方官，俸禄一百石，离任后就回到了故乡高岛郡小川村，此后他一直讲授中国明代的阳明心学，过着隐居的生活。花居清心生活的年代早于中江藤树，也体现出了相同的思想，也许是因为近江民风敦厚，让人不由得想在村里定居下来。

第二天一大早我就醒了，想在早饭前先登上彦根城看一下，出门时没想到在大堂碰到了秦。他正将身体探出旅店大门，准备出发，迎着户外的风，让我想起了花居清心。

我跟他说想去彦根城，他说：“咱也想去。”他的声音像羽毛一样轻，让我觉得仿佛他就是花居清心。也许因为这是自己的家乡吧，所以秦也想去看看彦根城，他说要登上彦根城，然后再用这双登过彦根城的脚回到东京。

但他并不打算回家里看看，秦出生的寺院就在这附近的某座山上的某个小山村里。他说施主越来越少，寺庙快维持不下去了。秦年少时就下山了，到八日市中学上学，后来再也没回过寺院。从原先的工作岗位上退下来后，他便迫不及待地开始学习梵文，说是为了能读懂梵文佛经。一次我问他学习成果如何，他说：“我这个年纪去学，太难啦。”看来只学到初级就想放弃了。

和花居清心、中江藤树，以及须田先生的抽象画启蒙导师长谷川三郎一样，秦也想过乡村生活，却苦于没有合适的村子，作为替代，他就改为阅读小时候父亲教给他的佛经。

我们坐了出租车前往彦根，市区的老房子像是没有受过尘世污染般纯净，也许是湖水反光使我产生了错觉。

6 家臣

到了彦根城，不知从哪里飘来一缕焚烧落叶的青烟，让我们闻到了冬天早晨的味道。

攀爬石阶让我苦不堪言，就在我喘着粗气向上爬的时候，从上面走下十几个人。他们看起来五十来岁，都像是银行的外汇经理或是审批调查经理，穿着样式统一的朴素西装，外面套着一件长外套，他们没有说话却十分默契，脚步一致地从山上下来。我估计他们一定是某家公司的同事。

城墙边一棵大树伸展树枝，像极了佛祖头顶的华盖。

我突然觉得他们好像一群家臣，和没有归属的我大不一样。《广辞苑》中对“家臣”的解释是：

> 指江户时代各藩的臣下，藩中武士和成员的总称，也代指藩。

在古城周边的城镇游览时，每当聊到当地方言的时候，就会有人说“这是城里人的说法，家臣不这么说”。当年的家臣用语一直流传到现在。

其实现代的大企业里也有类似古代家臣的文化。对面走来的这群人一大早就来彦根城游览，看起来不像是当地人，也许是全国各地的部门经理昨晚来彦根开会的。

在石阶的衬托下，仿佛又回到了江户时代。一行人的西装看上去就像正装和服，有的人已秃顶，发型好像古代的武士，他们的外形各不相同，却有着相同的企业文化，这让他们成为一个整体，显得很有气派，如同身居高位的家臣刚去觐见完城主。

看到这一幕，我很开心，也很震撼。在亚洲其他国家以及欧美国家看来，日本人大概经常会彰显出一种家臣气质，如住友集团的家臣、三菱集团的家臣、三井集团的家臣……大家都想成为家臣，于是就有了日本“应试”这种不同寻常的社会现象。

我发现其中有一个人与众不同，他的样貌和年纪都与其他人相仿，但外套不像其他人那样做装饰用，更像是挡风用的，他的视线不断在移动，不像其他人那样紧盯着脚下步伐，一致地走，他似乎有与众不同的文化。

“川口。”我和他打了一声招呼。他是我们的朋友，昨晚他说想到彦根住一晚，就从东京赶来，我们还一同在旅店喝了酒，看来他一早就来到了彦根城，稍后他要到米原火车站坐新干线回东京。他刚好和这群同一家公司的人一起下山，我一眼就看出他不属于这个团体，但如果他和自己公司的同事一起走下彦根城的话，一定会让我感受到另一种企业文化的震撼。如果对面一行人是江户中晚期藩文化成熟时期的家臣的话，那么他就是尚有战国时代遗风的庆长年间到元和年间的家臣，多少显得有些不修边幅。

接下来我想聊聊井伊家，特别是为彦根藩的执政风格定下基调的井伊直孝（1590—1659）。

井伊直政死后，井伊直继（直胜）继承了他的职务和地位，直继虽然修建了彦根城，但统治时间很短，掌管井伊家的第三代当家井伊直孝继承了直政的才干和思想。井伊直孝虽为庶出，但德川家康却十分看中他的领导能力，将嫡子直继封为安中城主，让直孝继承了彦根。德川家康需要井伊家平时处理政事，战时充当军队前锋，因此他认为资质平庸、体弱多病的直继无法担此重任。井伊直孝最初严词拒绝，“庶子为家臣，家臣凌驾于主公之上，不合人伦”。但家康没有改变主意。一般情况下，将军不会干涉臣子的家庭继承问题，这是一个例外。

直孝在继承家业前就奉家康之命指挥井伊家的军队，参加了大坂冬之阵，后来在参加夏之阵时军功卓著，让人不禁想起其先父直政。长曾我部盛亲曾是守卫大坂城的七将之一，在大坂城攻陷后被捕，被带到家康面前时，直孝也像直政礼遇石田三成一样，并没有粗暴对待，而是为他松绑并提供了座位和食物。

盛亲回想在河内平原的野外作战时说：“一开始我们赢了。”当时，盛亲率领五千名士兵出城向东行进，遭遇了西行过来的家康的先头部队——藤堂高虎的军队，两军规模相当，但藤堂军却被打得溃不成军。另一方面，盛亲的友军木村重成走其他路线与盛亲一起向东，遭遇了另一只德川的先锋部队——井伊直孝的军队，木村被直孝打败后撤退，这导致盛亲孤立无援，无奈只好退回了大坂城。盛亲这样形容当时的情况：“赤色武者一出现，战况有变。”随后直孝平静地说：“赤色武者便是我军。”盛亲听后，心情复杂地盯着直孝，当时直孝只有二十五岁左右。

直孝在幕府处理政事，能力也许比他的父亲更胜一筹，深得家康的器重，并在家康死后继续为幕府尽力。他是个长寿之人，相继辅佐了德川秀忠、德川家光和德川家纲，到家光掌权的时候，他已经是地位最高的重臣了。

直孝像他的父亲一样，善于社会治理却也同样严厉。他年纪轻轻就担任城主，当时彦根城还没有修建完毕，建城时间非常紧迫，这里是德川家康前往京都途中的落脚点，也是防止关西诸国叛乱的战略要地，幕府十分重视。直孝对建城过程中出现的懈怠毫不留情，偷懒或扰乱施工秩序的人一律被斩首。

《淡路落穗集》中册这样记载了当时的情况，“因小罪而遭斩首者甚多，人人自危，遂殚精竭虑，数年之工程不日即成”。《淡路落穗集》是介绍江户中期近江历史的书籍，着重记录村镇的变迁。其作者和创作年份不明，可能是了解当地行政的村官所作，也可能是将军家臣中的财政官员或地方官创作的。行文温和，却也透露出对直孝的畏惧。书中提道：

直孝主公杀人出于其身为乱世之将领。

井伊直孝从未因私处死过他人，和父亲直政一样，作为领地和人民的统治者，坚决地奉行理性主义。他经常判处刑罚，但性格和行事作风与直政相似，人们虽畏惧却并不讨厌他。

直孝的样貌似乎也和直政很像。在直政的肖像画中，他的八字胡不光生在鼻子下方，而且长到了脸颊上，毛发略显浓重。他的动作从容不迫，却也透出一种狂躁易怒的气质。直孝也是一个毛发浓重的人，江户城有人私下叫他“魔鬼官员”。加藤家灭亡后，井伊直孝接管了加藤清正在江户的房屋，因此也有人拿加藤清正的胡须和他做对比。

朝鲜国的使者发现，直孝不光胡须浓密，手臂上也长着黑毛。每当幕府大将军更替时，都会邀朝鲜使团前来。德川家纲成为大将军时，朝鲜使节来到江户城觐见，当时家纲身边有四位重臣，分别是井伊直孝、保科正之、酒井忠清和酒井忠胜。随使团一同前来的南龙翼在游记《壶谷扶桑录》中描绘过当时的情景。我没有找到这本书，转引《彦根市历史》上册中的原文：

> 井伊直孝，身形伟岸，手臂（注：腕）遍生毛发，城府深而睿智，掌管政务者中最为杰骜，年七十二，兵权最大。

这段描写简洁明了，当时还没有“杰”这个字，应该是引用错误。“骜”指的是骏马，有不温顺而傲气的意思。虽是夸赞对方，字里行间却透出不忿。朝鲜使团对待日本人一向态度傲慢，其文章中也有蔑视倭人的意思。但用“骜”来形容直孝，即使带有贬义也是准确的。也就是说，朝鲜使团觉得掌管政务的人里，这个人最不好对付。

特意描述直孝毛发浓重，也是值得注意的一点。朝鲜人的体形、长相都和日本人极为相似，不同之处就在于毛发的轻重。大多数朝鲜人的手臂和小腿上或无毛，或毛发稀少，而胸前、手臂、小腿毛发浓重的日本人却并不少见。南龙翼一方面觉得直孝睿智，一方面又看到他手臂上毛发较多，觉得这是倭人的特点，仿佛在说“哼，这个倭国将领手臂上都是毛”。

“兵权最大”指的是，直孝作为文官是幕府家臣之首，同时作为武官统领德川军队中的精英部队。这篇文章对于井伊直孝的为人、样貌和地位的描写是最为准确的，但当时直孝的年龄不是七十二岁，应该还不到七十岁。

前文介绍了井伊直孝的晚年形象，下面我想说说年轻时候的直孝。直孝年轻时就表现出了杰出的政治才能，他的政治思想来源于井伊直政对德川家的忠心，也正是因为这一源头，或者说是信念，他的政治能力才得以大放异彩。

德川家的第三代大将军德川家光掌权的时代，生于战国时期仙台的将军伊达政宗（1567—1636）仍在幕府处理政务，时常出入江户城，幕府的其他家臣都很怕他。伊达政宗本自立为领主，他在奥州的领地是自己夺取来的，并非受封而来，但由于丰臣秀吉和德川家康相继统治日本，他也不得不俯首称臣。这是一位可以称得上英雄豪杰的历史人物。

关原之战的前夜，德川家康从关东向奥州行军，途中，他得知关西的石田三成发动战争，只好转而向西进发。奥州会津藩的上杉景胜是石田的友军，伊达政宗将其牵制，但对于德川家康来说，他担心的不光是上杉景胜，还有伊达政宗。为了笼络政宗，家康送去了一纸签字盖章的公文，承诺为政宗增加约四十九万五千石俸禄。如果家康履行承诺的话，政宗的俸禄将会超过一百万石，结果政宗被骗了。

但当时的公文一直保存在伊达家，《伊达政宗卿传记史料》中记载，家康承诺将刈田、伊达、信夫、二本松、盐松、田村和长井七地赐予政宗，原文是：

以上七地加诸尔之领地，尔之家臣可前往治理。

家康在关原之战中获胜，进而夺取天下大权后背弃了这一承诺。政宗在德川家康和德川秀忠在世时迫于其军事实力也没有再提此事，但到第三代德川家光时代时，他觉得家光年少，家臣经验尚浅，于是便打算把当年德川家承诺的四十九万五千石争取到手。

为此，政宗专程入城觐见德川家光和其家臣，意带胁迫地说："我有这样一份公文。"他手中的德川家康的公文是正本，这让家光等人十分苦恼。政宗是归顺德川家的将军中资格最老的一位，其他将军也对他很是敬畏，如果激怒了他，可能会动摇本已稳固的幕府政权。总之，政宗将幕府逼到了墙角。

当时，直孝的地位在家臣中最高，年龄却是最小的，政宗可能只把他当孩子看待吧。直孝主动请缨处理此事，被允许后便只身前往伊达家在江户的住所，和政宗面对面谈判。

直孝对政宗说："听闻您手中有东照大权现[①]钦赐的公文，是真

① 东照大权现：皇室授予德川家康的称号。

的吗？我想借来一看。”这是一次正式的会谈，政宗只好将公文拿出来给他看。直孝拿着公文看了一会儿，突然将其撕碎，扔进了火里。政宗大怒，直孝却十分平静地说：“这份公文对伊达家来说，无用且有害。”直孝的意思是，如果继续纠缠此事的话，就会为伊达家带来灾难。为了一份承诺将俸禄提高到一百万石的纸，可能让现已六十多万石的伊达家灭亡。政宗听后悔悟道：“老夫知错，有时该向年轻人学习。”

还有这样一个故事。德川家光掌权时，朝鲜闹饥荒，向日本求援。幕府决定送去粮食援助，并用重量计算送去的粮食，但直孝认为应该用船只的数量计算。因为如果计算重量，今后发生类似的情况需要支援粮食时，就会参考这次的量，那时如果日本是丰年也就罢了，万一是荒年就只能减少援助的粮食。这样在外交上，会伤害对方的情感。但如果拿船只数量计算的话，船分大小，不论是否丰收，都可以派去相同数量的船只。最终幕府决定采用直孝的计算方法。

另外一个故事我不确定出处是哪里，是彦根的历史学家中村达夫在其著作《彦根藩武士故事》（1973年八光社出版）中提到的。在大坂夏之阵中，八田金十郎因为善用长枪而立下大功，后来，他与在彦根任地方官的大久保新右卫门不和，两人间的矛盾愈发激化，其他家臣也各自支持一方，形成了两股势力，眼看就要发生冲突了。

当时社会上还留有战国时代的风气，各藩内部经常发生类似的冲突。其中一名当事人大久保新右卫门人品不错，政务也很是在行，俸禄高达一千二百石。和他对立的八田金十郎虽然俸禄只有五百石，但在夏之阵的战场上立功颇多，性格冲动，极为看重名誉。这场矛盾因金十郎而起，新右卫门碍于武士的身份不肯让步，双方的亲朋好友也各自站队，领地上即将掀起一场血雨腥风。

直孝在一天夜里，突然命令家臣全部来到城里。当晚，城内外无数灯笼晃动，家臣全都聚集到了大堂当中。直孝也坐了上座，他什么也没说，走下来穿过一屋子跪坐的家臣，到了大久保新右卫门面前，用战场上的姿势盘腿坐下，对他说："新右卫门，我明白这件事你无法容忍，但金十郎是大坂之战中用枪拔得头功的人。我很珍惜这个人才，你能不能看在我的面子上，忍辱负重一次呢？"

主公如此诚恳地请求，新右卫门不好拒绝，而且这是直孝的请求，即使不接受决斗也不会有损名誉。可见直孝虽年少，却深谙武士内心。

接着，直孝走到坐在下座的金十郎面前，单膝着地，上身略向前倾，由衷地称赞了他的武艺，又说自己不愿失去新右卫门这个行政人才。

这段故事中，作者中村达夫分别描写直孝对待二人的态度。在俸禄一千二百石的新右卫门面前，直孝采用战场上的礼仪，用武士的姿势盘腿坐下。也就是说，他对待新右卫门的态度是平等的。新右卫门看到他的动作，应该十分感动吧。

另一方面，直孝在金十郎面前单膝着地，上身略向前倾，这是战场上地位高的人对地位低的人说话时的姿势。不是直孝看不起他，而是在提醒他"你是俸禄五百石的身份，和新右卫门不同"。同时隐含的意思还有，"虽然你地位不高，但也是我们的一员"。这体现出了平家和源家就有的武士之间的亲密的主从关系，金十郎跪在地上，也被直孝的行为感动。当然，最终也撤回了和新右卫门决斗的要求。

这就是家臣，每个藩在形成家臣文化的过程中，都经历了无数类似上文的历史事件，这一文化在日本现代社会中也是不可或缺的。

7 浅井长政

回到旅店吃午饭的时候，我突然想去姊川一游。

姊川流经湖东平原北部，是流入琵琶湖的最大的一条河。姊川虽是河名，但作为古战场应该更为人熟知。姊川之战发生在日本元龟元年（1570）六月，天气非常炎热。浅井家（近江）和朝仓家（越前）的联合部队在姊川北岸布阵，规模达一万八千人；织田家（尾张）和德川家（三河）在对面的南岸布阵，有二万九千人。南岸的军队虽然多了一万多人，但当时普遍认为近江和越前的军队实力更强。

我翻开姊川周边地图的时候看到，姊川北岸的乡村是浅井町，隶属于（东）浅井郡，这个地名自古就有，但当地人的叫法和我们不同。江户中期，京都下鸭神社的神职人员鸭祐之是一名考据家，他在著作《八大洲记》中论证了各国的地方志，其中将浅井称作“阿座膽”。

战国时代，这里有一名姓浅井的将军异军突起，虽已无从考证。室町时代，掌管近江的是佐佐木家，后分成两家（六角家和京极家），其中京极家管理近江北部，但不久后便衰颓了。在浅井亮政（1491—1542）时期，有一处可以追溯到十二世纪的“浅井庄园”，当时并不是京极家的直属领地，领主另有其人。浅井庄园自平安时代起就是寺院或神社的领地。室町时代属于京都的妙法院，后又依次隶属于奈良的兴福寺、春日大社、伊势神宫（进贡农产品）和多贺大社。

战国时代是武士们互相争夺领地的时代。根据室町时代的制度，各地的将军和地方官是正规的武士。除他们以外，随着全国农业生产的发展，农民也开始武装起来，于是便出现了富农阶级，并成了地方武士。他们是非正规的武士。这些地方武士划定各乡各村的边界，形成了独立的势力且互相联合，既与贵族阶级的将军和地方官对立又隶属于他们。浅井家当年应该就是地方武士。

浅井亮政带领浅井家有了极大的发展，占领了本来属于寺院神社的浅井庄园（寺院和神社的领地由于没有武装，在乱世之中处于弱势）。亮政是一代枭雄，他在紧邻姊川流域的小谷山建城，把这里作为大本营，被称为“小谷将军”，成了不同于室町将军的另一种形式的统治者。

亮政死时，织田信长只有八岁，丰臣秀吉五六岁，德川家康刚刚出生。亮政的继承人浅井久政能力不强，被六角家压制，军力大为衰弱。家臣担心照此下去，早晚会被六角家攻陷，他们发现久政的儿子浅井长政（1545—1573）十分优秀，便劝说久政隐退，开始扶持长政。当时长政只有十六岁。

后来，长政率领江北（爱知川以北）军队多次打败六角家所率的江南军队，最终南下占领了佐和山城，威震江南平原。他二十八岁时便英年早逝，在其短暂的人生中，政治手段暂且不提，仅作为武将，他的领导能力、策略和胆识都是顶级的。

《浅井三代记》记录了近江北部的将军世家浅井家从亮政、久政到长政三代的兴衰史，这本书写于江户早期（1670 年），作者是伊香郡木之本净信寺的僧人游山。有人将这本书献给了加贺的前田家（前田家收集了许多战国时代的家族兴衰史和武士的故事）。书中收录了许多近江北部的民间传说，很是有趣，但行文过于模仿《太平记》，缺乏特色，这一点十分可惜。其中的军事故事经过了艺术加工，因此史料价值不高，但有关长政的内容即便不是史实，也可以看出几分他的人物形象。

长政年少时就对当时统领家族的父亲心存不满。六角家是室町时代的正规将军，长政的父亲久政十分敬畏六角家的军力和权威，但长政并没有这种想法，也许是初生牛犊不怕虎。这里可以看出人性的有趣之处，战国时代像暴发户一样兴盛起来的浅井家，到了第三代的浅井长政，已不将六角家的权威放在眼里了，六角家虽为近江的管理者，但对长政来说也不过和自家地位相同罢了。

《浅井三代记》中写道，比起父亲，长政更崇拜有英雄气概的祖父，甚至想成为祖父一样的人物。书中是这样描写的：

> 年纪不足十岁，拜访家臣中有名望者、询问武士之功绩、听取祖父亮政之战绩，终日倾心于往事。又到访对其父久政有不满之人处，抚慰之，听取不满之内容。因此臣子皆视其为非凡之人，很是尊崇，人望超过其父久政。

文中说长政“不足十岁”应该是有些夸张的，但他在十四五岁时就已胸怀大志，这一点是可以肯定的。

浅井久政为了加强对六角家的依赖关系，请求六角义贤（出家后号承祯）“赐长政一名贤妻”。平井家掌管加贺，是六角家六大家臣之一。浅井家与平井家定亲，长政十五岁时娶妻。

长政妻子的娘家平井家，出身近江高岛郡平井，属于佐佐木家族，地位很高。但长政认为平井家不过是六角家的家臣，因此看不起对方。这与其说是体现了长政的性格，不如说是年轻人心里常有的阶级意识在作祟罢了。长政一生都怀有这种无用的思想（阶级意识会降低人的判断力），成年后也没有改变，就像一把刀深深地扎在了他的心里。

浅井久政也许“愚钝”（引自《浅井三代记》），但他十分担心儿子锋芒毕露，于是在婚后着手安排，命令长政：“前往江南，与岳父加贺（平井）行父子之礼。”长政没有听从父命。当时他虽然年少，却已是一家之主，他认为自己可以自主行动。他对老臣远藤喜右卫门和浅井玄蕃允说不打算前往平井家。

> 做佐佐木（六角家）家臣平井加贺的女婿已是遗憾，我并不赞成，但碍于父命便答应了，现又让我到江南与平井认父子，简直无稽之谈。

如果长政当时真的说过做平井家的女婿心有不甘，那就可以看出他的阶级意识极强。但他接下来的话很有志气：

与其向武家求生，不如于乱世中伺机夺取天下，成为武家之栋梁，此乃武士真意。平井之流虽一国不能治，与其结亲乃前所未有之丧志之举。

其实现在的学校里，每个班级也会有几个像长政一样的十五六岁的少年。不同之处在于，长政手中握有浅井家的兵权。长政将平井家的妻子退回，并与六角家断交。后来，他经历多场战争，不断获胜并逐渐扩大家族领地，最终占领了整个爱知川以北的近江北部地区。

就在同一时期，织田信长统治了尾张和美浓，势力不断扩大。永禄十一年（1568），信长三十五岁时，拥立流亡到美浓的足利义昭为大将军，显示出了一统天下的野心。拥立大将军之人，可以辅佐其执政，号令全国武士。足利义昭也深知自己并没有实权。

据《信长公记》记载，织田信长曾到美浓西庄的立正寺拜访足利义昭，将铜钱千贯摆在座位旁，赠予其侍从。又为足利义昭准备了刀、盔甲和马等物资，说道："我认为您应尽快前往京都。"他的意思是，要足利义昭尽快到京都称大将军，上总介（织田信长）会为他安排。

当时，三好家和松永家率领阿波地区的军队占领了京都，将他们赶出京都并非难事，但路上却要经过近江，要想顺利通过近江，就需要对付近江北部的浅井家和南部的六角家。信长的策略是与浅井长政结盟，共同讨伐六角家，从而扫清大将军前往京都的障碍。

浅井长政二十四岁的时候，于当年四月份与织田家联姻。他的妻子是以美貌闻名的织田市。浅井家的城池在小谷山，因此织田家的家臣就称阿市为“小谷夫人”。织田信长将自己的妹妹阿市嫁给长政，是为了与毗邻美浓的近江北部交好，使其不会威胁到织田家，但长政与阿市的感情超越了政治联姻的关系。阿市的运气很好，从肖像画来看，浅井长政身材魁梧、相貌端正，很有男子气概。在长政去世前短短五年时间内，二人育有三女一男（长政还有另外一个儿子，应该不是阿市所生）。三个女儿中，茶茶嫁给了丰臣秀吉，后被称为淀夫人，是丰臣秀赖的生母；阿初嫁给京极高次；阿江嫁给德川秀忠并生下后来的第三代大将军德川家光。可以说，生活于近江北部的浅井长政和他的妻子阿市，从血缘上通过其后代参与了后来的日本史。

足利义昭流亡时，并没有马上投靠织田信长。他起初在奈良出家，他的哥哥足利义辉大将军被三好家和松永家杀害之后，他才逃出奈良。义昭先是去了近江南部投靠六角承祯（义贤），但对方不愿支持他。于是他只好离开，从若狭到了越前，投靠朝仓义景，义景对他大为款待，却也没有能力帮他回到京都。

义昭像商人一样兜售自己，听说居于美浓岐阜城的织田信长有意扶持他，便离开了越前。途经近江北部的小谷城时，刚结婚不久的长政接待了他，但当时长政只有二十几岁，仅凭半个近江的国力也不足以拥立义昭号令天下，只好目送义昭前往美浓。我想当时的长政一定为自己的爱莫能助感到无比遗憾。

义昭到美浓后见到了信长。信长在美浓立正寺会见义昭后，仅过去一个多月，便在九月七日率大军由岐阜出发。信长在小谷城附近与长政的军队会师，两军一同南下，在爱知川附近的野外布阵。六角承祯以守城战应对，他以自己所在的观音寺城为中心，在十八处城池布下兵力。但信长没有按照他的预测进攻，而是在各个城池留下一部分军力牵制，再集中力量攻击一处城池，一天之内便一举拿下。信长如疾风般逼近了观音寺城，六角承祯惊慌失措，弃城逃走。

信长最终进军京都，原本占领京都的三好家和松永家不战而逃，从岐阜出发仅用二十天便入主京都，堪称奇迹。

织田信长的战术不是步步为营地攻城略地，而是清除途中的几处障碍，打通了近江这条战略通道。后来，四散的各股势力联合到了一起，与织田家以外的势力合作，将织田包围了起来，他们还拉拢了足利义昭，与织田信长为敌，这让信长苦不堪言。作为武士的织田信长，其后半生一直无法挣脱这片包围网。

浅井长政对织田信长的突然背叛，就发生在信长后半生的初始阶段，这对信长来说是万万没有想到的，因为他十分信任长政，长政也是一个值得信任的豪杰。也许这就是人性中复杂的地方吧。

现在的大学生，如果在学校里遇到像浅井长政这样的人，和他做朋友一定是一件乐事。但长政也有缺点，他生在将军之家，没有侍奉过别人，因此不习惯长期居于一人之下，再加上他胸怀大志，为实现理想需要蛰伏，但他的忍耐力不够，而起关键性作用的还是他极强的自负之心。

信长并没有伤害过长政的自尊心。他在京都时，京都的神社和寺院的有关人员前来问候，大家聚集到了他所居住的京都一条的妙觉寺门前。信长对众人说：“浅井长政是我的妹夫，与其来找我，

不如去见浅井（清水寺成就院）。”（引自《浅井三代记》）

但织田家的将士却不同，他们似乎把长政当作同级家臣。长政小时候就认为自室町幕府成立时就掌管一方的六角家和自己家是同级的，后来他的性格也没有太多改变，因此对织田家臣的态度应该是很不满意的。

信长在顺利通过近江进入京都的第二年的新年之际，为足利义昭大将军在二条增设房屋，信长和长政二人联名建设，共享这一荣誉，这样的待遇甚至高过信长常年的同盟德川家康。信长任命家臣中地位最高的柴田胜家、佐久间信盛和森可成（森兰丸的父亲）负责施工，长政则任命了三田村左卫门和土佐将军大野木秀俊，这些家臣均地位相当。

然而进行排水工程的时候，佐久间的工人嘲笑浅井的工人，说他们“动作慢、年龄小”，甚至提到去年在近江作战时，浅井的军队攻击箕作城不力，浅井的工人很生气，将竹帘上的连接棒拆下，向佐久间的工人打去，后来织田和浅井的工人都加入了混战，就像爆发了战争一般，双方共死亡一百五十人。

事后，柴田等人并没有管束手下的工人，反而责怪浅井，他们来到信长的住所，对他说：“您过于优待浅井，才会有如此暴行。”（引自《浅井三代记》）

但信长没有怪罪浅井，反而训斥柴田等人：“浅井家军队的实力有目共睹，切不可出言不逊，莫要冒犯到他。”（引自《浅井三代记》）

不知长政对此事会做何反应，他可能不会对信长不满，而是因为信长家的重臣、尾张的地方武士对自己的态度感到不满吧。也许他还会认为，如果今后继续和信长合作，最终也会沦落到和信长家臣一样的境地。虽同为织田信长的同盟，但长政和家康的服从又不尽相同。

8 伊吹山的涂料

我们从彦根出发，往伊吹山方向行进，我们的目的地是姊川。那里有浅井的原野，也有小谷山上的小谷城遗址，再具体说还有姊川沿岸的古战场。我想那里应该会立着一块碑。总之，我们在向北走。

我很久以前就爱上了近江，不光爱这里的田野、乡村和历史悠久的建筑，也爱这里许多不知名的美丽的建筑。这次来近江发现村镇变化很大，让我吃了一惊。

公路比以前更好走了，这是件好事。从彦根往北的公路是北陆自动车道，修得像德国的高速公路一样，又像长城一样由南向北延伸，与 8 号国道交汇前的这一段路，宽得就像机场跑道。

从经济高速增长时期开始，日本人的思想开始变得越来越像房地产商了，都认为临近公路的地段是最好的，然而实际商业活动却并非如此。按照房地产商的思维方式，人们在十字路口建起了加油站，路边有餐厅供卡车司机使用，还有各种商店挂着各色招牌。乡村气息消失得不见踪迹，变得像二十世纪二十年代的东京月岛地区，大阪和神户间的尼崎、十三或是布施地区也同样如此，整个奈良县基本上也都变成这副样子了。

突然我想起了一件往事，具体来说，是想起陶艺家滨田庄司（1894—1978）先生来了。那时我正在那霸壶屋一带溜达，在路上偶遇这位名人，当时滨田先生七十岁上下，天气很热，狭窄的道路两旁有藏在铁皮屋顶下的窑，路边散落着上了铁釉的瓮和陶盆，滨田先生穿着工作服从对面走了过来。

在遇到滨田先生以前我就一直认为，明治时期以来的陶艺比绘画和雕刻更能代表日本美术。江户早期的野野村仁清、尾形乾山和本阿弥光悦等陶艺家备受推崇，但我更为敬仰的是当代陶艺家滨田庄司、河井宽次郎和富本宪吉等人。此时，他们其中一位正向我走来，这让我激动得差点忘掉呼吸。

滨田先生年轻时就很无私，很知性，又很有品位，生来就有一种思想家的气质，周身仿佛散发着光芒，因此年纪轻轻就结交了许多不一般的朋友。

我想表达的是近江的道路和景观遭到了破坏，由此联想到了滨田庄司先生，这并不是跑题，因为讨论道路问题时，必定会联想到这些。

滨田庄司一生中结交了许多非凡的朋友。大正二年（1913），二十岁的他进入东京高等工业学校制陶专业学习，入学后不久，便认识了河井宽次郎。二十三岁毕业后，为了学习手拉坯等技术，进入陶工养成所（京都市陶器瓷器试验场），并在那里结识了富本宪吉。

当时，滨田庄司对美的认知还没有成形，对此起到催化作用的是滨田于二十六岁时结识的柳宗悦（1889—1961）。另外一位重要人物是伯纳德·利奇（1887—1979），他后来成了英国著名的陶艺家。滨田二十三岁与他相识，并和前文中的三人一样，也和他做了一辈子的至交。也就是说，滨田庄司在二十六岁时，就已经结识了所有对他的人生有重大影响的友人。这样的人生形式实在太少见了，不能不让人惊讶。

我曾在滨田庄司晚年时，到他位于枥木县益子的家中拜访。当时其实并没有什么特别的事情，我十分没底气地说："就是想来看看您。"他毫不介意地请我进屋，就和在冲绳相遇时一样，仿佛我们只不过是在田间偶遇的两个普通人，当时他已经八十岁了，但一口气聊了五六个小时也未显疲态。

如果将我们聊天的内容分成几个部分，那么每个部分都不是很长，四五张稿纸那么多吧，每个部分都以"柳"或"利奇"开头，只有一次是以"河井"开头。

一次，河井宽次郎来益子拜访滨田，两人畅谈一整夜，凌晨两点左右，他们听到邻居家父子在打架。这段故事的主题是：枥木县民风质朴但人的性格有些暴躁。

滨田聊得最多的还是利奇。利奇曾对他说："我们都年纪大了，能在一起聊天的机会不多了。可以今年你来英国，明年我去日本，这样轮换着，我们就可以每年见面了。"当时利奇已经八十五岁左右了，不知道他们后来见了几次。

用日本的纪年来算，伯纳德·利奇生于明治二十年（1887），出生在香港，是家里的长子，父亲叫 A.J. 利奇，是一名律师，母亲在他出生不久后就去世了，照顾他的是外祖父。

当时他的外祖父汉密尔顿・夏普住在京都，后来搬到彦根。我手中关于利奇的资料并不多，不清楚他的外祖父的生平，也许他的外祖父曾在京都和彦根的中学教授过英语。明治早期，彦根有一些学校是曾经各藩开办的武士学校，另一些是当地政府创办的中学，第一所也是滋贺县唯一一所“正规”的普通中学就是彦根中学，创办于明治二十年。汉密尔顿・夏普从京都搬到彦根，也许是因为这所“滋贺县最高学府”聘请他去当老师。总之，明治二十年代的利奇是在近江度过童年的。后来，他的父亲再婚，将他从日本接回英国。

当时在国外生活的英国人，子女大都在英国国内接受教育。利奇也在十岁时回到英国，中学毕业后进入美术院校学习。毕业以后，他在银行工作过一段时间。后来辞职，再次进入美术院校深造，并在上学期间读到小泉八云（本名拉夫卡迪奥・赫恩）的著作。虽然他只在日本住到三岁，对日本只有模糊的记忆，但小泉八云的书让他十分向往日本。

二十二岁时，利奇回到日本。他先是住在东京的日暮里，后来在千叶县我孙子的柳宗悦家里筑窑，正式开始了陶艺生涯。利奇从大正五年（1916）开始在我孙子地区活动，也是在这个时候结识了滨田庄司。

我真的希望能有一位钻研美术史、同时擅长写传记的年轻人为利奇写一本传记，写的时候一定绕不开利奇与滨田庄司和柳宗悦长达一生的、密不可分的关系，传记中必定要大篇幅地提到他们。这样想来，日本人或许比英国人更适合写这样一本传记，因为日本人收集资料更加方便。再贪心一些，我希望有人先为他写一本英文传记，再写一本面向日本读者的更为详尽的传记。

大正九年（1920），利奇再次离开日本返回英国。他在康沃尔郡一处名为圣艾夫斯的小村庄筑窑，成为一名独立的陶艺家（他们将自己称为“陶工”）。回国前，利奇盛情邀请滨田同去圣艾夫斯。他说：“圣艾夫斯是一处海岬，面朝大西洋，周围都是安静的渔村。”于是滨田和他一起去了英国。

两人打算在圣艾夫斯建一座日式阶级窑，并为此准备了一年。他们寻找陶土、柴火和特别的釉彩原料，也用过英式的釉彩。利奇用自己的制陶化工知识在作品风格中加入了东方元素，滨田的思想中（可能也包括技术上）也吸收了大量的英国元素。

滨田庄司在英国生活了三年，最大的收获就是乡村文化。他不光体验了乡村的自然环境，还将在乡村生活的人的质朴、自律，田园生活中的合理性、严格性、秩序美，甚至从实用性到美的转变，都融入了自己的思想当中。

小泉八云在日本的乡村体会到日本文化的精髓，伯纳德·利奇受他的启发而来到日本。滨田庄司则正好相反，他特地前往英国，发现了乡村共通的魅力，将构成乡村的所有元素收为已用，从而获得了作为一名创作者的自信。我经常说，他的艺术起步于英国乡间。

前文我提到在乡间遇到滨田先生。当时，滨田先生经常将手拉坯装上飞机，运到那霸壶屋的作坊，为当地人教学，致力于复兴琉球陶器，他在冲绳待了很多年。

从英国回到日本的那年(大正十三年,三十一岁),他做了三件事:在日本找到了一处乡村——益子，并在那里建了作坊；完成了人生大事——结婚；去了冲绳，在那里获得了充分的乡村环境。发现了冲绳陶器的魅力后，他在二十世纪五十至六十年代致力于复兴那霸壶屋的陶器，这对他来说是在报恩，他的大儿子也是在冲绳出生的。

“所以我给他取名叫琉司。”我们在壶屋边走边聊，说是聊天，我主要在听。

“那霸电视台刚开办的时候，还没有像样的电视节目，”滨田先生又聊道，“当时利奇正好过来。”

利奇去冲绳的时候，电视台在街上找到他们两人，播出了他们长达几小时的对话。利奇说:“日本是一个很好的国家，但也有缺点，其中之一就是公路修得不好。”

当时日本的公路很不好走，和现在简直判若两国。二十世纪五十年代时，近江草津附近的东海道还是两车道，部分公路只有简易铺装。同一时期，我坐别人的车从大阪前往冈山，当时走的是和东海道同级的日本主干道——山阳道，也是两车道，我们到姬路的时候已经天黑，跨过两县交界处的山，来到了以备前刀剑闻名的福冈（长船附近），车轮掀起的尘土积在道路两旁的屋顶上，沿途的房屋都泥泞不堪。当时的公路还停留在明治时代，汽车的数量却大幅增加。

从滨田先生口中听到利奇当时说的话，我是赞同的。但滨田反驳了他:“我不同意他说的。”他甚至直接对利奇说:“你的想法不对。”滨田先生认为，人走在没有铺设过的土路上，脚底可以感觉到土地的质感，只有这样才能感受大自然，道路就应该是土路，如果它变了，那么日本的生活方式和景观都会变。

他还说："益子也要修建公路了。"他说的益子不是整个村庄。当时，益子的公路基本都铺设好了，但从大道经由田地通往滨田先生家（益子的一处古老的乡村房屋）的一条一车道的岔路还没有铺设。滨田先生反对在这里铺设公路，希望将这条土路保存下来。这不是利己主义，而是出于对人类活动的危机感。

滨田先生总是从形而上的角度思考事物。的确，形而上的思想和自然事物一样客观存在。就像制作篮球的时候，所有的接线必须完美缝合。对于人该如何生存，滨田先生有十分宏大而又缜密的想法，他的作品就是其思想的结晶。

现代文明将城市和乡村侵蚀得一片狼藉，所以人们乐于跟着旅游团去欧洲玩，就好像把自己家住得脏乱不堪后，去参观别人家漂亮的屋子一样，日本正在创作一部名为"文明"的巨幅漫画，世界上难道还有其他如此奇怪的民族吗？

想到这里，我很生气，于是又想起另一件往事。七八年前，美国记者团访日，我在大阪的一家酒店和他们见面，记者团里的一个人说："我听说日本是一个美丽的国家，可是……"他没有说完这句话，似乎是想说日本的田园风光不怎么样，但忍住没说。我作为日本人，自豪感突然少了许多，很生气地对他说："您应该五十年前或五十年后来日本。"

以前，日本的乡村是很美的。画家向井润吉一直坚持描绘乡村房屋，他曾对我说，"乡村成片的房屋本身就是一道风景"。在我心中，大和[1]和近江的乡村格外美。但不管大和还是近江，都在逐渐沦为大城市周边的不发达地区，这是当代文明的重大问题，不光是政治的问题。我们还没来得及树立起新的文明观念就已经走上了经济高速发展的道路，在经济快速发展的同时，我们关于土地的思想和制度却不成熟。这些都是病因。

我还辩解道，西欧从古罗马时代就开始修建公路，日本在近些年才一口气大规模修建，所以才会把整个国家折腾得天翻地覆、脏乱不堪。我没好意思说“日本人没有文明观念，只有钱”，也没好意思说“有钱可以买地，日本人认为既然拥有土地就可以任意改变上面的景观”。

另外，我们还有“遗传病”。只有日本人才有（或许韩国人也有）这种过度的首都崇拜和地方歧视。奈良时代的奈良也就是平城京大量引入外来文化，这为这种遗传病埋下了病根。江户时代，江户和京都是当时的两大中心，但各藩也有各自的文化。明治时代以后仿佛又回到了封建时代，东京负责“文明开化”的所有吸收和分配工作，乡村成了“粗鄙”的代名词，这种认知被逐渐固定了下来。

我当时对美国记者说，你们应该五十年前或五十年后再来，并没有什么依据，只是觉得现在对乡村的破坏只是日本历史中的一段时期、一个现象，以后我们一定会树立正确的文明观念，改善生存环境。也许这是一种奢望，但我相信今后一定会实现。如果没有这种信念支撑我的话，我简直无法在日本生活下去。

---

① 大和：大和国，日本古国。在现在的奈良县。

伊吹山越来越近了，它像牛背一样广阔，岩石泛着牛奶巧克力般的色泽。这座名山坚实地立在那里，让我感受到地球的重量。每当看到它，我心中古人的那一面就会显露出来，我觉得仿佛看到了神仙。近江南部最具象征性的神山是三上山，琵琶湖西岸的名山是比良山，伊吹山则是近江北部的象征，在当地人的心里镇守了几千年。

我对出租车司机说：“您看伊吹山的山脊。”

“看到了。”

“左边有一处像包子被咬了一口，少了一块。”

“那是水泥工厂采石留下的。”

“我看到上面有施工的痕迹，但怎么还是绿色的呢？”

“是后来刷的漆。”司机板着脸说。

我们就是这样在弥补着被撕碎的文明。听说那片山上后来被种上了植被，不过不难看出，我们现在的文明也就是这个水平了。希望五十年后会有所改观。

9 姉川岸边

虽然流入琵琶湖的河流很多，但琵琶湖周围多山地，湖东平原也离山区很近，因此河流都不长。来自山上的泥沙堆积，导致这里的河床普遍较高且多沙洲，有些河流里甚至长满了草丛。姉川就是这里的一条河，却格外宽阔，流经近江北部东浅井郡的平原，属于日本河流分类中最高的一级。

姉川长三十七公里，大部分从伊吹山区蜿蜒而过，向南流经伊吹町，再转而向西，在山间流速很快，到了平原又变得平缓。姉川古战场就在平原中部，这里有一条很长的姉川桥（正式名称叫野村桥），桥的南端立着一块碑，上有“史迹・姉川古战场”的字样。河岸遍生芒草，很有古战场的肃杀气氛。从岸边看去，河的地势很低，古代曾有记载“此河有七八尺之悬崖”，有的地方确实跟此描述一致。

河道很宽阔，大雨时应该会严重泛滥，但现在只有细细的水流。

据说姊川之战时水较深的地方深度也不到一米，我去的时候还要更浅一些，但流速很快。在甲州和信州等地，可能会把这样的水流称为溪流，但近江没有“溪流”这种叫法。

站在姊川南岸，望向对岸的西北方向，可以看到七公里外的小谷山，小谷城遗址就在那里。这座山是浅井家世代居住的地方，看上去易守难攻。

日本战国晚期，织田信长的出现和其势力的快速发展，对故步自封的旧势力来说是意外，更是麻烦。旧势力一不留神，周围的环境就变了，就连信长的妹夫浅井长政，也对暴风雨般席卷各方领地的织田家感到不安。长政也属于旧势力的一员，比信长要稳重得多，他一直认为浅井家和织田家地位相当，但织田家发展迅速，于是两家之间的实力差距越来越大，以至于自己变得像织田家的家臣一样。浅井长政心高气傲，虽同为信长的同盟，却不想像德川家康一样，因为家康虽为拥有领地的将军，却对信长言听计从，简直像是信长手下的将士。

长政和越前领主朝仓义景是多年的同盟，长政将朝仓视为与自己同阶级的人，甚至将其视为自己的伙伴。朝仓家的城池在越前的一乘谷，从古代门第来看，是战国大名中的暴发户，虽然守护[①]这种官身，已经有名无实了，但却是室町时代的权力象征，朝仓家也是凭实力获得的。已经隐退的浅井久政，格外尊重朝仓家的权威，认为相比之下，尾张的织田家不过是一介暴发户。

---

① 守护：指的是室町时代的守护大名。

朝仓家也没把织田家放在眼里，他们两家在很久以前其实是有联系的。室町幕府的全盛时期，越前和尾张都是斯波家的领地，斯波家的当家常驻京都，成了朝廷的一员。朝仓家的祖先替斯波家管理越前，是代理领主，后来反客为主，成了越前的统治者。织田家的祖先曾经也住在越前，越前丹生郡有一处织田剑神社，其中的一位神职人员曾是斯波家的家臣，后成了尾张的代理领主。斯波家内斗很多，最终像火焰熄灭一样逐渐式微。越前就成了朝仓家的领地。朝仓家还去幕府斡旋，以期成为正式领主。

斯波家衰落后，尾张成了织田家的势力范围。越前的朝仓家由宗家统一管理，但尾张的织田家则分成了许多家族，势力也分散了。信长所在的家族是织田家族中地位较低的一支，在其父织田信秀的带领下兴盛了起来，最终征服了其他家族，统一了尾张。统治越前的朝仓义景一定觉得，“什么尾张织田家，信长的家族不过是尾张国胜幡地区的一个小家族而已”。

朝仓家有家训，是将朝仓家发展起来的第一代人物朝仓敏景（也叫朝仓教景）为子孙后代写下的，共十七条，内容不像小田原北条家的家训那样重理论，但非常实用。比如其中一条是“不设重臣”，为了在乱世中保持强大，这是很理智的做法。因为门阀会产生无能之人，不应将军事和政治大权交于无能之人，而应该提拔有能力之人。还有一条是“将朝仓家城池（一乘谷）作为中心城池，让势力较大者皆入住一乘谷，并在其原有领地安排代理官员”。这样可以将权力集中在朝仓家，也是一个非常聪明的制度。

从第一代朝仓敏景算起，义景是第五代，他十六岁开始掌管朝仓家。叔公朝仓宗滴是一副僧人扮相，辅佐义景，负责指挥军队，参加了大大小小的多场战役。《群书类从再续》中有一部记录宗滴言论的书籍《朝仓宗滴话记》，其中有一句十分惊人的论述：

> 武者为狗，为畜生，应以胜利为本。

这句话的意思是，战斗惨烈至极时，将领可能对节节败退的战士心生怜悯，以致胆怯，这种情感是不应出现的，因此不要将武士当人，就当他们是狗。这虽然是宗滴身经百战后总结出来的经验，但表达方式很不恰当，我甚至怀疑朝仓家是否真的赢得了武士的心。换句话说，作为战国时代的将军家族，为赢得军心是不该有这种思想的，朝仓家虽为一国领主，却有根深蒂固的十二至十六世纪的贵族思想。那个年代的贵族不通人情，他们共同的缺点是不爱护下属。另一方面，朝仓家五代人的功绩是维持了越前的和平，并发扬了具有朝廷文化性质的一乘谷文化。

永禄十三年（1570），织田信长和足利义昭大将军双方矛盾激化。当时朝仓义景三十八岁，可能在朝仓义景看来，信长非常可笑，他认为信长狐假虎威，假借将军的权威，一副自己也位高权重的模样。但信长却理所当然地行使权力，他命令义景前来京都侍奉大将军，义景对此嗤之以鼻，并且认为前往京都就等于宣誓效忠信长，他不假思索地拒绝了这一要求，对此信长的反应也很直接，决定讨伐朝仓。

从后世的角度看，信长从决定攻打朝仓，到整编军队和出发，几乎是在一瞬间完成的。当时朝仓认为即使和信长断交，也会有缓冲期或是谈判的时间。信长的战术让敌军措手不及。他先是在岐阜做准备，同时秘密联络了同盟德川家康，然后一边观光一边不紧不慢地通过近江，最终进入了京都。不久家康也到了京都，名义上是去京都参观的。

浅井长政自认为同盟地位高于家康，却没有收到通知。他当时已经从京都回到了小谷城，当他知道这件事时信长已经亲自带兵入侵了朝仓家领地的最前线敦贺，包括长政在内，整个浅井家都十分震惊。据《浅井三代记》记载，已经隐退的浅井久政对信长的进攻愤怒不已，跳过了没有发表意见的长政亲自主持会议，决定趁织田军队聚集在地势狭窄的敦贺海岸时，与朝仓结盟夹击织田。

久政说："我们与朝仓家有世代的情谊。"浅井和朝仓交往的历史确实比和织田长得多。《浅井三代记》中还提到，浅井家和织田家联姻时，"信长曾书面约定，若织田家与朝仓家对立，则交由浅井家处理纷争"。这也不足为奇。

据说，信长在入侵越前之前，近臣森可成等人曾谏言"应知会浅井，再做进攻"。

但信长没有采纳："报与浅井即可，但不提进攻越前之事。"

柴田胜家继续劝他："浅井会心怀不满。"

信长没有在意："我与长政亲如父子（是长政的内兄），此事不成问题。"

信长打算迅速消灭朝仓，再将既成事实通知来不及反应的长政，这样长政也只好接受。可见在信长心中，长政是很和善的。

敦贺地势狭窄，东边有一座叫木芽峰的大山，前方临海，后方的山脉一直绵延到近江北部。浅井家断了信长的后路，信长无法回到美浓，而且遭到朝仓和浅井的前后夹击。信长最初并不相信浅井和朝仓联手，据《信长公记》记载，他说这则情报是“弄虚作假”。可见信长是十分信任长政的。

敦贺是朝仓分家的领地，有两处城池，它们最初阻断了织田的攻势，但短短两天就被轻松攻破。越前的大本营在木芽峰东边，并未派来援军。当时，朝仓家家族内部成割据状态，朝仓义景的领导力下降，信长应该早就掌握了对方的情况。

但浅井的“叛变”打乱了信长的计划。在这件事上，后人应该同情浅井。已经隐居的久政主张“遵守与朝仓的信义”，他本身没有战术思想，恐怕真的是出于情义。《浅井三代记》记载，执掌浅井家的长政面对已经隐退的父亲一言未发。我认为长政心中应该很痛苦，因为他深爱着自己的妻子阿市。但如果说出口，他的父亲和家臣一定会觉得这是“耽于儿女之情”。另外，虽然信长的行事作风有损他们之间的信任，但长政对他一定有共鸣，他比自己的父亲更了解信长，但如果说出来，不知道久政将会怎样极力反驳。长政当时一定如坐针毡吧。

长政内心的挣扎反映在浅井家参战时的迟缓，他虽然一举切断织田军队的退路，却没有积极进攻。另一方面，朝仓义景也没有率军前往敦贺的意思。借由这一破绽，信长像溪水中的鱼一样迅速溜走，取道近江西部的一条小路回到了京都。

信长四月末逃回京都，然后又避开近江北部，由千种街道（也叫千草街道，沿用到江户时代的古道。由伊势国的桑名，经铃鹿山脉，通往近江国的爱知郡）回到岐阜，并组织了大批军队。六月下旬，他来到小谷城正面的平原。长政在城中按兵不动，等待朝仓的援军，信长也在等德川家康的援军。两方军队各自会师后，便在姊川两岸展开了大规模战役。

从 1887 年开始，陆军参谋总部第四部负责研究日本战争史，并于 1901 年出版了《姊川战役》一书。其中以领土的粮食产量“石”为单位计算参战人数，一万石换算为二百五十人。织田家的领地共有二百四十多万石（分别是：尾张五十二万石、美浓五十八万石、伊势五十七万石、志摩二万石、大和南部七万石、和泉十四万石、若狭九万石，以及近江南部四十四万石），因此可以支撑六万多人参战。友军德川家的领地情况如下：三河三十四万石、远江二十七万石，共六十多万石，相当于一万五千人的兵力。

浅井掌握的近江北部，粮食产能为三十九万石，换算后只有九千七百人的军队；朝仓所在的越前有六十八万石，再加上加贺南部的十九万石，共八十七万石，因此军队规模可达二万人。

织田和德川都要留出兵力防守大本营和其他领地，因此可以参加姊川之战的军队人数并不多。织田军队共二万八千人，德川则是六千人。另一方面，在姊川北岸布阵的浅井因为是本土作战，投入了几乎全部兵力。朝仓派来军队总人数的一半——一万人，集结于姊川战场。

朝仓义景似乎没有意识到，如果在近江北部战败，就会失去整个越前，他留在一乘谷并没有出战，也许他是担心离开后家族中有人趁机占领一乘谷。义景对家族领导力的下降是朝仓家衰亡的首要原因。

姊川之战时，两军的将领年龄如下：浅井长政二十六岁、朝仓义景三十八岁、织田信长三十七岁、德川家康二十九岁。

军队的实力方面，最强的是浅井和德川的军队，同时由于德川军队不断参加内外战，因此经验比浅井军队丰富。一般认为北部的军队实力更强，因此越前国的朝仓军队应该也很强。但朝仓家五代人都在和平中度过，作战经验有所欠缺。军队的胆识方面，普遍认为织田家主力部队尾张军队较弱。尾张幅员辽阔，是交通枢纽，商业繁荣，因此当地人比较聪明，能够正确判断时事。家康出身三河，当地人性格朴实，和尾张人的区别如同种族差异般的大。如果比较尾张和三河的军队实力的话，尾张三人相当于三河一人。

另一方面，织田信长亲自挑选和训练各部队将领，如果从这一角度考虑，织田家的将领应该是最优秀的。他们用兵机智，能够准确判断敌我形势，并准确下达命令，对此浅井家的武士浅井半助曾有过精准的论述。半助是浅井家族的一员，性格粗犷，不受久政的喜爱，数年前被赶走。后来他去了织田家掌管的美浓，成为伊予领主稻叶良通的家臣。听说即将发动战争，他认为继续留下就会成为旧主的敌人，于是秘密离开美浓回到了小谷城。半助可以说是那个时代典型的近江北部人了。小谷城召开军事会议时，半助说："我这三年一直关注织田家的作战方式。他们十分果断，就像猴子在树枝间跳跃一样灵巧。"因此以近江北部的缓慢的作战方式去对抗，十分不利。

有一名在织田家的人事文化中极具代表性的人物，也率兵参加了这次战役，他就是木下藤吉郎秀吉，他和重臣柴田胜家等人一样，率领三千人的部队，奉信长之命在小谷城附近的村庄放火（秀吉自己并不喜欢火攻，擅长水攻）。

10 近江家臣

在这里我想介绍一下当时的近江家臣。

远藤喜右卫门（远藤直经）是浅井的家臣，他处事老练、为人刚正。《浅井三代记》《四战纪闻》《总见记》等古书中都提到过他。我曾想写一篇关于他的短篇作品，但没有写成。他是坂田郡人，具体住在哪里并不清楚。我想写的短篇的主题是人生的矛盾。这种矛盾就像钳子一样将他夹在中间。

远藤喜右卫门人生中的一个矛盾要素是他的洞察力带来的。他认为，“浅井家的未来就像放在路中间的鸡蛋一样危险”。如果是路中间的一只鸟，总不至于被车碾碎。但已经隐退的久政才能平庸，当家的长政又尚年轻，缺乏政治思想。在当时的形势下，无法成为飞鸟。

如果不再辅佐这样危如累卵的家族，远藤喜右卫门应该就能解脱，不会被矛盾夹在中间，甚至矛盾本身也不会存在了。但不光是他，家臣中没有一人打算放弃浅井家。其中喜右卫门又格外忠心耿耿。他的忠诚是另一个矛盾要素。而他刚正的性格就像钳子中的螺丝一样，将两个矛盾紧紧联结在一起。

前文已经提到过，织田信长将自己的妹妹阿市嫁给浅井，两家联姻。后来，信长曾暂住近江佐和山城。当时佐和山城属于浅井家，城主是丹波领主矶野员昌。长政前往信长的住处，在城内设宴款待信长和其手下重臣。喜右卫门是长政随员中的一人。

喜右卫门以前就知道信长冷酷果断的作风，很是担忧。第一次和信长接触，他就知道长政不是对手。他坚信，当浅井家没有利用价值了，一定会遭到信长的攻打而灭亡。不久后，信长前往成菩提院居住，喜右卫门负责接待，带他前去。事后，喜右卫门赶回小谷城，私下觐见长政，说道："不可仰仗上总介（信长）大人。为避免浅井家将来有难，应趁那位大人实力尚不强大，将其一举攻下，才能有利于浅井。若您有此意，请知会于我喜右卫门。"

长政没有采纳喜右卫门的建议。他认为自己已经娶了对方的妹妹，两人就是兄弟关系了。无缘无故地进攻对方是不义，世人的评价也会极为不好。喜右卫门也知道自己的建议缺少根据，但他已经预见到浅井家的衰落。

不久后，信长突然袭击朝仓，织田的军队渐渐聚集到越前敦贺。南边的小谷城里，久政和长政与家臣一同商讨军事对策。久政对信长不守信用感到极为愤怒，提出应和朝仓联手，在敦贺夹击信长。喜右卫门坐在最后，他反对久政提出的方案。我猜他当时一定想大叫"来不及了"。因为即使截断信长的后路，和朝仓约定一起前后夹击，朝仓也无法马上赶到敦贺。信长一定会趁此机会逃脱，然后也一定会卷土重来。到时候，浅井家就要灭亡了。

这时喜右卫门的意见和从前正好相反，对此他是这样解释的：“情况和数年前有所不同。”他还说，事到如今，只能一心与信长交好、依靠信长，别无他法：

> 如果现在和信长征战，不管长政主人如何骁勇善战，浅井家也终会灭亡。（《浅井三代记》）

重臣之中，美作领主赤尾清纲同意远藤喜右卫门的意见。但久政“气得发抖”，骂道：“尔等竟说出如此不义之言。老朽自当剖腹而去。”

结果浅井家按照久政的意思行事，后来的发展就和喜右卫门预料的一样。

信长终于还是带兵来到了小谷城正面的姊川平原。北部军队（浅井和朝仓）的人数比信长少，也没有援军。这场战役是一次赌博，一旦战败就会失去一切。喜右卫门认为，浅井家唯一的胜算，就是趁军队混战时，假扮成织田军队的士兵，深入敌阵，杀死信长，也就是在战场上刺杀对方。当然前去刺杀的人不可能活着回来。当晚，喜右卫门邀请各位家臣，准备酒席，与各位告别。我不知道他当时的年龄，但似乎已经是老人了。

姊川之战打响时，天气炎热。元龟元年六月二十七日，德川家康到达姊川。信长将大本营设在龙鼻，这里是横山丘陵的最北端，靠近姊川南岸。我们现在站在姊川桥的南边，回头看到的最近的一处丘陵就是龙鼻。

家康抵达后，统领军队的信长前去迎接，摘下黑色的斗笠，亲切地与他交谈。信长虽然将家康呼来唤去，但一直对他以礼相待。北部军队这边，朝仓也从越前赶了过来。但带队的不是越前领主朝仓义景，而是朝仓景健（朝仓孙三郎）。长政以为义景会亲自前来，因此在小谷城见到景健时十分不满。据《浅井三代记》记载，长政面露不快，他对景健说道："虽然您的能力不比义景大人差，但派您前来，说明他对此战并不重视。"

长政选错了结盟的对象。

久政和长政在战略上也出现了失误。战前，为了在姊川南岸设立阵地，他们在横山上搭建工事，安排了军队。但后来姊川南岸遍布织田军队，导致横山上的阵地成了孤岛。信长集中兵力攻打横山。他的目的不是占领横山，而是扼住这处阵地的脖颈，从而将小谷城中的长政引到野外。

如信长所料，横山上的军队不断派出信使，请求救援。长政最终还是出了小谷城，但没有马上来到平原。他转移到姊川北岸的山上（大寄山），将阵地设在了这里。同时，横山还在不停呼救。当时长政可能想堵上耳朵，叫他们不要再求救了吧。他转移到大寄山后，想要直接攻打信长在龙鼻的大本营。

但他的想法恐怕难以实现。大寄山距离龙鼻五公里，如果要攻打龙鼻，浅井和朝仓的军队就要行进五公里前往敌营，这会让士兵十分劳累。因此长政最终还是率军离开大寄山，来到了平原。转移到姊川北岸的平原上，就离龙鼻近了。但这一带地势平坦（这里是野村和三田村的地界），不能像小谷城或大寄山一样成为要塞。长政决定在这里背水一战。

浅井和朝仓夜间行军，点亮了无数火把，场面十分壮观。信长在大本营龙鼻丘陵上看到这一幕，高兴地说道："长政落入我的圈套了。"他不希望敌军盘踞山顶，希望对方来到平原，因此以横山诱敌，并且大获成功。信长在横山脚下留下五千人将其包围，把剩余兵力尽数派往姊川南岸。他集结各位将领，分配好兵力后，也和北方军队一样，点起火把开始移动。

浅井长政将八千人的军队分成五队，部署在姊川北岸的野村附近。织田一方每队有三千人，而浅井每队的人数只有对方的三分之一到一半。浅井军队中充当前锋的一队由著名的猛将矶野员昌（佐和山城主）率领，共一千五百人；二队由浅井政澄率领，共一千人；三队阿闭贞秀率领一千人；四队新庄直赖率领一千人；长政坐镇第五队，率兵三千五百人。

朝仓的军队人数略多，有一万人，但身为援军，便在主力部队浅井的下游布阵。朝仓的一队由朝仓景纪率领三千人，二队前波新八郎率领三千人，朝仓景健带四千人坐镇后方。

和仅有八千人的浅井相比，二万三千人的织田军队人员充足得多，一直部署到了第七队。一队是先头部队，由出身美浓的坂井政尚率领。作为织田军中的将领，他在历史上的知名度不高。这是因为他在这场战役中被浅井军的攻势击溃，以此为耻，后参与攻打近江坚田，战死。先头部队必为猛将，信长选择坂井政尚，也许是因为其手下的三千士兵几乎都是美浓人。他认为美浓的士兵可以和近江的士兵相抗衡。

信长的二队是尾张出身的池田信辉，率三千人；三队也是尾张人，木下藤吉郎，三千人；四队同样是尾张出身的柴田胜家，三千人；五队是美浓军队，由森可成率领，三千人；六队佐久间信盛，尾张人，率兵三千；最后是大本营五千人，由信长坐镇。

织田家的左翼（下游）是德川家康五千人的军队，信长又将稻叶通朝（也叫稻叶良通，号一铁）也归为左翼。但稻叶所率士兵不多，手下的一千人是信长为其分配的，不够团结。据史书记载，家康最初主动要求充当攻打浅井的前锋（一队），甚至说："我从三河远道而来，若不能充当先锋军，乃是永世之耻。"如果信长不同意，就"退出明天的大战"。于是信长只好让家康做前锋。其他将领有所不满，信长大声呵斥道："不要再说了。"（据《三河物语》）但是后来的军事会议中，家康被安排在了左翼，迎击敌方右翼——朝仓一万人的军队，而家康的军队规模只有对方的一半。

六月二十八日，在姊川两岸排兵布阵时，织田和德川更快。他们布好阵形后，凌晨四点左右，浅井和朝仓也在北岸排开。一开始，两军使用弓箭和步枪互相射击。率先渡河作战的是北方军队右翼的朝仓，他们比浅井更早出击。朝仓景健认为"若用一万人的军队击败五千人的军队，局势会对我方有利"。

面对朝仓的进攻，德川军奋力防守，但还是不敌对方。主帅朝仓景健亲自上阵参与渡河作战，突破了德川军一队酒井忠次和二队小笠原长忠的军队。三队的石川数正勉强支撑。数正冲进朝仓军中，一度将其打回岸边。但没过多久就被压制，只好撤退，被赶回南岸平原。这时，家康所在的后方军队也陷入混战。有两名英勇的朝仓士兵甚至来到家康身侧，家康正要拔刀应战，周围的卫兵先将其砍倒。这两名朝仓士兵的发髻中都绑有字条，上面写着“视死如归”，由此可以知道他们是敢死队员。

织田军队溃乱得更加严重。八千人的浅井军队像一阵风一样刮到河的对岸，打乱了二万三千人的织田军队。坂井政尚率领的织田军一队被歼灭数百人，其中还包括他的儿子坂井久茂，一队被突破。浅井长政亲自渡河，率领士兵接连击破织田军的第三队和第四队，杀到了织田前方的美浓军队面前。五队拼死奋战才勉强抵挡。如果浅井军队再多五千人，信长就只有逃跑或战死了。

家康这边，远远看到主力部队织田军乱作一团，便认为只有靠自己的六千军队挽救大局。他顶住朝仓的进攻，命令榊原康政：“马上迂回渡河，进攻敌人后方。”他的战术最终改变了战局。康政率前锋部队绕到下游，渡过姊川，爬上北岸两米多高的悬崖，从右侧进攻朝仓军队的末尾。已经攻入南岸的朝仓主力部队，对后方的情况估计得过于严重，竟惊慌失措，自乱阵脚。发现朝仓开始后退，家康大喊：“莫要失此良机！”遂命令全军突击，最终攻入北岸击败了朝仓军。

稻叶通朝身处德川军的后方，尚无用武之地。但他发现东面的织田军混乱异常，便抛下德川军，前往东侧支援信长的军队。正在织田阵中冲锋陷阵的浅井军队，被突如其来的援军打得措手不及。信长留在横山负责包围的五千军队也自行决定离开横山，来到主战场。织田家的军队虽实力不强，却有很多灵活应变的人才。现在，深入敌阵的浅井军被三面围攻，又发现右翼的朝仓军溃败，便失去了斗志，渐渐开始撤退。见状，织田军重振士气，浅井军则战败逃走，向小谷城、佐和山城撤退。

远藤喜右卫门身在败军之中，浑身沾血。浅井军撤退时，他不退反进，冲向织田军中。他怀抱好友三田村的首级，伪装成织田军的士兵，以献上首级让信长检验的名义，

> 一边询问将军身在何处，一边朝信长所在的方向前进了近二十米。（《浅井三代记》）

就在这时，信长身侧的竹中重矩（竹中重治的弟弟）觉得他十分可疑，便报上姓名上前迎击，最终“战胜，取远藤首级”。

同样身在战败方的富田才八是喜右卫门的家臣，他觉得已经“生无可恋”，便调头冲入乱军之中，最后战死。喜右卫门的同僚弓削家澄和今井扫部助等人听闻死讯，“必将与其同往”，也冲进织田的军队中战死。

由此可见，近江家臣的气节如何。

11 国友锻造

伊吹山区突降大雨，就会使姊川泛滥。因此姊川下游的河道就像鱼尾晃动一样经常变化。国友村自古是姊川的漫滩[①]。现在这里只是一座田野环绕的普通村庄，但它在历史上是非常有名的。从室町时代晚期到江户幕府瓦解，国友村一直从事枪械制造，并借此发展繁荣。整个村子的人都从事这项工作。

在研究枪械历史方面，洞富雄和有马成甫有很大贡献。有马成甫的人生经历非同一般。他是熊本县人，海军学校第三十三届学生(毕业于 1905 年 11 月)，学习炮术专业。1929 年，他被编入预备役，上校军衔。太平洋战争时应征入伍，任海军少将。

我打电话给老海军正木生虎，向他咨询有马成甫的情况。他说："有一次我们一起参加活动，之后我开车送他回家。他家在目黑东

---

① 漫滩：指发洪水时受淹范围的低地。

边的山坡上。但是我对他不太了解。”他又帮我致电自己的前辈——炮术专家黛治夫，据黛治夫说，有马“身材高大，很精神，性格也好”。

1929 年，有马成甫退役后大龄入学，进入国学院大学历史系。他经过多年研究，写成了《火炮的起源及其流传》（吉川弘文馆出版）。这是一部集大成之作，有马成甫也凭借这篇论文于 1957 年获得文学博士学位。

有马博士在国学院大学上学时，经常前往东京帝国大学的史料编撰处，接受过辻善之助教授的指导。他还整理、研究了和枪械史有关的史料，其中主要是和国友枪械制造有关的资料，但唯独缺少江户时代约五十年的内容（1765—1810）。有马想，也许国友村还留有这个时期的记录，于是在 1930 年夏天来到近江。

前文的内容来源于有马博士的著作《一贯斋国友藤兵卫传》（1932 年，武藏野书院）的前言。文中还提到，他到达近江长滨火车站的时候，正在下雨，他便开车前往国友村。下面我引用前言中的一段原文：

> 我怀揣对江户时代的国友村的想象，在心中描绘其过往的繁荣景象，沉醉在幻想中前往。但刚一走出车门踏上我向往的土地，幻想顷刻破灭。史书中的繁荣景象不复存在，历史悠久的建筑亦不知所踪。一切仿佛一场梦。

古书中记载的国友村虽是村庄，却像大城市一样道路四通八达，房屋连片。据说在江户时代的鼎盛时期，有多达八十户人家从事枪械制造。国友村只不过是近江北部一处偏远的乡村，为什么会有繁荣的枪械制造业呢？能称得上史料的相关记载只有《国友铁炮记》，内容很少。《国友铁炮记》出版于宽永十年（1633），由国友村的锻造官员大岛善兵卫等人编撰。当地在室町时代就从事枪械制造业，却到了江户时代早期才有记录其历史的著作，时间隔得太久。内容大概也是基于当地老人的讲述。但有关国友枪械制造起源的文献只此一部，我也只好将其作为参考。

日本天文十二年（1543）八月，枪支传入萨摩藩种子岛。据《国友铁炮记》记载，枪械传入日本仅仅一年，国友村就生产出了两把日本产的枪。速度之快令人难以置信，但翻阅这个时期的史书，就会发现书中所述应该属实。

《国友铁炮记》记载，种子岛岛主时尧从葡萄牙人手中购得枪支后，将其中一把赠予岛津义久。当时，种子岛家是独立的家族，和岛津家关系密切。岛津义久得到枪后，又将其献给了京都的足利义晴大将军。枪械进入京都的过程似乎过于顺利，我们暂且相信这是真的。义晴将枪交给家臣细川晴元，询问是否有技艺高超的锻造师可以制造枪械。细川晴元于是和近江北部的领主京极商讨，京极提出自己的领地内有一地叫国友村，锻造工艺精良。天文十三年二月，他们将一把样品交给国友村。村中工匠都前来研究枪械的构造，短短六个月后，八月十二日就造出了成品。

传入种子岛的火绳枪，其仿造和传播过程都十分戏剧性。种子岛有许多锻造师傅，八板金兵卫是其中的佼佼者。时尧命他制造枪械，他经过不断尝试最终成功。此事有详尽的资料记载。

同一时期，纪州根来寺的津田算长（也叫杉之坊算长或津田监物）暂住种子岛家。时尧也给了他一把枪，他将其带回纪州根来寺。当时，根来寺附近住着许多工匠，其中一名叫芝辻清右卫门的锻造师成功制造出了枪。根来寺没落后，芝辻家搬到了堺地区，成为当地锻造枪械的主要家族。

那时日本的工业生产中，对“螺丝”这个零件还没有概念。但传入日本的枪支上，尾部的密封栓（尾栓）中使用了螺丝。种子岛的工匠八板金兵卫不理解这处构造。据说他将女儿嫁给葡萄牙人，以换取枪身结构的信息。这名葡萄牙人大概是用扳手拧下螺丝，把零件拆下来给他看的吧。原理看似简单，但对于没有见过螺丝的人来说，从零件外部再怎么观察也是弄不明白的。

纪州根来的工匠芝辻清右卫门，可能早就通过津田算长得知，枪的尾部使用了螺丝。但国友村一开始可能并不清楚。因为枪械传入的方式不同。从种子岛时尧到岛津义久，再到足利义晴、细川晴元，枪支经手的都是贵族，其中并没有工人参与。在国友村，善兵卫、藤九左卫门、兵卫四郎和助太夫等人都是锻造高手，但没有一个人弄懂尾栓的结构。或者即使明白了结构，也不知道如何制作螺丝。

许多事实证明，近江是一个创新人才辈出的地方。比如这里出现了近江商人，并且发展壮大。对此，从很久以前就有菅野和太郎博士等众多学者研究其产生的原因。但原因也许出奇简单，那就是某个村子中如果出现一名成功人士，整个家族甚至整个村子都会模仿他。只有不断出现杰出的人才，不断创新，近江商人这个群体才能持续发展下来。因此，当地应该是鼓励创新的，而非压制。

工匠的世界也是一样。国友村有一名锻造师叫次郎助，他的具体年龄不详，但应该是年轻人。他对螺丝做出各种设想，然后试着用没有刃的小刀在白萝卜上挖出一块带有螺纹的萝卜块，他取出这块萝卜，再将其拧回萝卜身上。就这样，他摸索出了螺丝和螺孔的原理，并告知其他有经验的工匠。其他工匠都对他大加赞赏。他的名字出现在了《国友铁炮记》中，可以看出世人对他和他的功劳十分敬佩，并一直传承了下来。我觉得这是当地的一种风气。

明朝将步枪称为“鸟枪”或“鸟嘴枪”。枪传入明朝的时间和日本大致相同，但中国人却没有给予足够重视。其中一个原因可能是明朝已经有了青铜大炮，认为不需要便携式的枪械了。洞富雄的《铁炮的传入及其影响》（校仓书房）是一部十分优秀的学术著作。其中查阅《大明会典》（记载中国明代典章制度的书籍），发现嘉靖三十七年（1558），兵仗局制造了一万支鸟嘴枪。1558 年是枪支传入种子岛的十五年后，说明明朝也很早就注意到了这种武器。

根据《阵纪》（明朝的兵书）的记载，可以推测明朝制造的鸟嘴枪容易损坏，实用性不强。《阵纪》提到，葡萄牙（南夷）制的枪支连续发射五到七次后也容易裂开。但日本的枪没有这个问题，“惟倭枪无妨”。

虽然明朝制枪不太成功，但不影响近代以前中国技术的优越。中国对铁的概念也和日本不同。中国的铁器主要是铸铁。铸铁是将金属熔化后注入模具成型，因此需要高温熔炉。欧洲十八世纪才发明出能够熔化金属的熔炉。但中国在公元 1 年左右就出现了铸铁技术，甚至铁器大部分都是浇铸而成。铁锹、锄头、矛、刀都是铸铁制成。明朝制造的鸟嘴枪无法使用，可能就是因为使用了铸铁技术。铸造的铁无法承受枪膛内火药爆炸的威力。

日本的铁器中也有少量铸铁而成，但自古以来都是以锻造为主。因此种子岛的八板金兵卫、曾住在根来和堺的芝辻清右卫门，以及近江国友村的锻造师们，见到传入日本的枪械时，都没有想到用铸铁技术制造，而是采用了锻造成钢的方式。

来到种子岛的葡萄牙人只将枪械卖给了岛主，并没有告诉他制造方法。因此制造方法是由当时的工匠研发出来的。日本称制刀为“打刀”，制枪则叫“包枪”。当时没有工具可以在铁棒中间穿孔，使其成为枪膛。因此工匠用一根铁棒做芯，将其立放，再用薄钢板卷在上面，然后不断加热和击打。这样重复几次，包上数层钢板，最后将中间的铁棒取出。

国友村在采用这种方法制枪时格外用心，造出来的枪身十分结实。国外传入的枪支也是锻造而成，但锻造和包枪的工艺粗糙。堺地区制造的枪械不如国友村那样精致，因此价格便宜。战国时代晚期，近江的日野乡也制造枪械。做法和堺一样，较为粗糙，据说当时将那里的产品称为“日野的廉价枪”。国友村则将日野的包枪方式称为“卷面皮”。

话题回到国友村。当地人经过探索，制造出了枪支，并将其献给足利义晴大将军。但并没有马上收到来自其他地区的订单，抑或是订单量很小。后来一定有人将国友制造的枪械发扬光大。在推广产品方面，后世的伊吹艾草是一个十分成功的例子。室町时代晚期，近江应该也有类似的人才。

《信长公记》中提到过一位叫桥本一巴的人。在同一时代的其他文献中找不到这个人，也不知道他的出身和人生经历。《信长公记》

里的名篇《上总介大人之行事》记录了织田信长十六到十八岁的经历。他不像其他年轻人一样爱游玩，而是每天练习骑马，三月到九月还练习游泳。他还让普通士兵用竹竿做对战练习，从而发现他们用的长枪越长越占优势，于是调整了军队制度。信长也练习弓箭，并且“以桥本一巴为师，练习打枪”。桥本一巴的名字就是在这里出现的。

信长向桥本一巴学习使用枪械时，还是天文年间，枪支传入日本不过几年。看来战国时代新事物的传播是很快的。一巴大概听说尾张的织田家有一位喜欢新鲜事物的年轻公子，于是前往。信长果然很感兴趣，主动练习用枪。

《信长公记》只记载了信长练习使用枪械。前文中提到的江户时代早期出版的《国友铁炮记》则提到，信长通过一巴，向江州国友村订购“六银币之枪械五百把”，甚至还记录了订购日期——天文十八年（1549）七月十八日，这是枪传入日本的第六年。信长的敏锐令人敬佩。他为军队配备了许多新式武器，首创火绳枪队这一军种。他还发明了火绳枪队的用兵方法。

少年信长的订单让国友村的产业站稳了脚跟，持续不断的购买又让村子繁荣发展。国友村位于近江北部，领主最初是京极家，后来是浅井家，但经济上一直和织田家紧密联系在一起。枪的出现和传播，使日本历史由战国时代群雄割据的状态，迈向统一阶段。信长第一个发明了大量使用枪械的战术，而为其提供枪械的是国友村。想到这里，我不禁觉得这座田园中的小村庄十分不可思议。

国友村环境静谧，仿佛坐落在湖底一般。房屋都很漂亮，好像被伊吹山的雾霭漂洗过一样纯净、清爽。路上一个人也没有。走着走着，我看到一座有着古旧大门的房屋，旁边是一家商店。木质墙面上钉着一块招牌，写有三行字：

天文十三年创业
枪支弹药商
国友源重郎商店

我吃了一惊，天文十三年是枪传入日本的第二年，也是国友村仿制成功的那一年。我对这家店铺的历史毫不怀疑，但时间如此久远，让我觉得像在开玩笑一样。

这里可以称得上是全世界最早的一家枪支弹药店，但现在肯定不卖火绳枪了。我情不自禁地走进店内，并没有看到猎枪之类的危险物品。店里摆的都是打猎用的服装和装备等，看起来就像一家普普通通的运动用品商店。后来经过询问得知，店主叫国友昌三，现在是滋贺银行的常务监察人，因此开这家商店应该不是为了盈利。也许作为国友家的后裔，出于对祖先的责任感，才开了这家店吧。其实滋贺县很多地方禁止捕猎，打猎的人并不多。

我们刚进店时，里面既没有客人，也没看到店员。过了一会儿，走出来一位女士，是店主的夫人。她十分活泼，我差点以为是店主的女儿呢。夫人带我们参观家里的博物馆。途经一处庭院，风格十分静谧、寂寥，非常优美。我便问这是哪位大师的作品，夫人说，据说是小堀远州。我很惊讶，夫人边打开博物馆的门边说："远州先生的家就在这一带。"意思是叫我不用太吃惊。

小堀远州（1579—1647）是近江人，他的家就在曾经的小堀村，隶属于离这里不远的长滨市。他是十七世纪初的大建筑家，曾是丰臣秀吉和德川家康手下的建筑负责人。同时也是继千利休和古田织部后的著名茶道大师。

博物馆里藏品丰富，有许多旧时的火绳枪和工具，古书也很多。但古书并没有好好整理，夫人觉得很遗憾："我倒是很想整理，可惜我是杂牌大学毕业的。"夫人说话很快，也没有笑。跟我同去的须田先生却少见地大笑了出来。夫人又说，他本想叫儿子在大学学历史专业。

我有些意外："您儿子这么小啊？"夫人解释道，儿子已经毕业了，但是不愿听她的。我突然想到，在东京六大学棒球联盟一战成名的投手国友充范，不会就是他的儿子吧？一问果然如此。

1981 年春季联赛，实力一向不强的东京大学成为一匹黑马，连续两场比赛零封早稻田大学，一路取胜。大家都认为东京大学有机会夺冠，不过最后还是惜败。当时东京大学的投手就是国友充范。就连我这个不懂棒球的人，也记得他投球和击打技术都很优秀。

"国友选手不是学历史的吗？"

"我说的是古代史。"夫人说，他不肯帮忙看这些古书，现在在日本广播协会 NHK 工作。

"您家跟枪还真是有缘啊。"受到夫人的影响，我也开起了玩笑。国友村枪械制造师的后裔，在联赛的棒球场上，没有让祖先的名字蒙羞，通过投掷和击打棒球，带领自己的大学冲击冠军。如果非要说这是一番和平景象，那我也无话可说。

12 安土城遗址和琵琶湖

上一次爬安土城遗址还是中学的时候，从那以后安土城遗址就如同一张浅蓝色照片一直留在我脑海里，记得那里的山是位于一片开阔水域中的。

山只有一百九十九米高，但爬起来却并不容易。从山脚出发，一路全是红色的石阶，需要不停辗转于长满青苔的石墙之间，周围的山谷里全部是密林，头顶上的树木长势茂盛，抬头也只能看到一丁点天空，途中有一些可以避暑休息的灰暗色的台子，这些有台子的地方被认为是丰臣秀吉和德川家康的宅邸遗址。

“整座山就是信长公的墓园。”还记得是一位给我们带路的年轻行脚僧这么介绍的。这位行脚僧来自位于山腰的摠见寺。摠见寺这个名字取自信长的戒名“摠见院”，是信长的菩提寺。可以说，这座孤山里唯一有人气的地方就是位于半山腰的这座寺庙了。

当时寺里有几名行脚僧，其中一人看到我们几个孩子便自告奋勇地给我们当起了向导。当时正值冬天，我们都穿得很厚实，这位行脚僧却是光脚。

我那个时候就不善于爬山，每当中途休息的时候，这位行脚僧就会大声赶我起来：“快爬！上面美得很哟！”

山的最高处是天守台遗址，令人没想到的是爬上去后眼前出现的竟然是一大片湖泊。安土城位于荒野之地，从大手门遗址出发的时候，怎么也不会想到山背后竟然会有湖泊。

查看旧地图后发现，这里准确地讲是一个岬角，指向琵琶湖伊庭内湖（大中湖），属于突出去的一块山地。当时看到的这番美景构成了我对安土城的基本印象，觉得织田信长就在湖泊和郊野交界处的这座山上。

因此，这次也非常期待登上山顶后一览脚下的碧波涟漪。

“爬到山顶后能看到大片的湖泊。”我一边这么说一边也让长谷忠彦心里充满了期待。登山口是大手门遗址，这附近跟以前相比也没什么变化，山里的石板路、石阶以及树林也都没有变。我不禁觉得滋贺县是伟大的。在现在这个时代，只要想变，立刻就会有雄厚的土地开发资本蜂拥而至；相反，保持不变对当地政府来说却并非易事。

对我来说，石阶爬起来还是跟以前一样困难。忍不住不停喘粗气，中途需要休息的时候，自己都觉得自己太没出息，须田大画家都年近八十了，依然脚步轻快，中途还会作画。不禁感慨我俩的身体素质实在太不一样了。

安土城据说是靠突击工程建起来的。《信长公记》里记载：

昼夜山谷摇动。

当时的筑城民夫一定非常艰辛。

我喘着粗气，刚说完“山顶上能看到夕阳吧”，没想到的是，山顶上放眼望去看到的竟然是一片发红的土地，并没有想象中的湖泊，不禁大失所望。

后来翻阅文献才了解到，这是一片一千三百公顷的大面积填埋地。如果是填海的话，多少还可以理解，没想到这里竟然把滋养当地人生命的内陆淡水湖给填埋了，简直难以置信。

这个填埋计划是在第二次世界大战刚结束、粮食短缺的那个有史以来最为异常的时代里产生的，按照“紧急粮食增产计划”，于昭和二十一年作为一项国营项目开始的。可以说，撬动那个时代的是人们对粮食的强烈的危机感，有它迫不得已的地方。当时还没有出现土地建设热潮，靠的还是人力，因此也填埋不了太大的面积。后来，到了昭和三十二年的时候，国家设立了“特定土地改良事业特别会计”部门，开始规模性地引入大型机械。这时虽然早已不是粮食紧缺的年代了，但农业本位思想正迎来了它最后的狂欢，增加耕地依然是王道。同时，具有魔性的农业机械刚刚被引入，人们都迫不及待地期待它们来施展魔法。非常遗憾的是，当时有关环境的讨论，无论在政府层面还是在一般老百姓当中都还没有开展起来。这样综合考虑来看，不得不承认昭和三十二年是具有魔性的一年，这个时期即使有人站出来高喊“湖沼河川是人类生命和文化的中心”，人们听到后也都会付之一笑。

渐渐地，湖泊被填成了平地。湖泊“殖民者”真正入侵的时间要从昭和四十一年算起，当时兴起了一股土地热，提倡“一亿总房地产”，土地开始被视为珍宝。

然而，填湖造地本身就很牵强。有的湖泊被填埋后，陆地地面竟然比湖面低三米，只要一下暴雨，陆地马上又会变成湖泊。有的填埋地平时是需要用水泵把里面的水抽到湖里的，也就是说，这些地是用电支撑着的。当时经营这些土地的农户一共有二百一十六户。

更为讽刺的是，当时日本已经出现了农村山庄过度稀疏化的现象，农业人口已经开始减少了。因此就不得不问了，当时为什么还要以牺牲湖泊为代价来增加农地呢？同时，我也被日本社会的变化速度所震惊。

日本的农业政策往往大都如此，类似的事情在各地不断被重复上演。这里不禁要同情农林省了。其实，农林省的官员们大部分都是喜欢农政的有志之士，然而每当面对“经济”这个不明之物的时候，“政治”想象力往往就显得异常缺乏。这也是战后日本农政为什么总处于被动局面的原因之一。

总之，第二次世界大战战败后的日本当时面临的是令人绝望的粮食危机，如何突破粮食危机是当时最紧要的任务。因此，情急之下所采取的一些做法，即使给十几年后的日本经济和国民生活带来了意想不到的影响，也绝不能算作耻辱之事；况且，当时也并不存在对此进行讨论的客观条件。打个比方，如果服装仓库失火了，那么第一时间就应该用水和灭火器给服装灭火，至于这些衣服会不会受到破坏，应该是以后才考虑的事情。但是，如果火早已被扑灭，扑灭后的十多年里却依然持续给衣服洒水，就会显得很奇怪了。

琵琶湖的相关政策跟这个比方非常相似。

明治时期经常提及的是“国家百年大计”。然而，战后三十几年的时间里，相继发生了从根本上破坏日本经济基础的事件，开始以“国家事业”取代“国家大计”，一些在当时被看作正确的事情后来都被证明是错误的了。不仅是大中湖，琵琶湖整体都长期处于这种“正确”与“错误”的反复验证中，甚至有人说“琵琶湖迟早会变成臭水沟”。

昭和二十年代的土地建设靠的是人力，两人一组往筐里装满土，然后一起运到指定的地方，可以说还是一个“可爱”的建设时期。这个时期的土地建设其实和农业相同，同属于人类行为活动中的崇高范畴。万里长城和大运河是中国古代的两大工程，看过之后是极为感动的，并不是吃惊于规模之大，而是被数十万数百万人力劳动的巨大结晶而打动。

当日本社会引入大型机械后，这种土地建设的伟大与崇高就开始发生变化了，这些工程开始变身为怪物，开始危害我们的土地和正常生活。当然，并不是说工程本身不好，而是建设它们的国家和国民尚且缺乏与其相关的思考。

大中湖是琵琶湖的内湖之一，原本是一个水深二三米的浅湖，水边生长着茂密的芦苇，哪里是陆地哪里是湖沼，分界线并不是那么的明显。

第二次世界大战临近结束时，驻扎在这里的部队瞄上了琵琶湖，为了给军队补充粮食，开始向内湖投入土方，并由此拉开了填埋琵琶湖的序幕。

后来，日本战败军队解散，但由于惯性使然，填埋依然在继续，而且还让国家出面，变成了一项国家项目。当然，靠人力的那个时代，建设的规模是有限的，但可怕的是，人是会产生惯性的。对琵琶湖的填埋已经出现了政治惯性，而且这个惯性的方向是“毁掉琵琶湖”，至少从物理现象上来看是这样的。

我们开始下山了，我抓着编辑部的藤谷宏树，试着向他用“社会惯性”这个模棱两可的词表达我的焦虑，又说“没准儿琵琶湖会被填没了”，这时脑子里突然又想起另外一件事。

昭和四十年代的某一天，一位土木工程师朋友满怀激情地跟我说：“干脆把生驹山移走得了。”

生驹山属于生驹葛城山脉，位于大阪府和奈良县之间，就在我家的东边。

这位朋友说这座山“一无是处”，应该被移走，土质又太差，不合适种树，就连杂木也长不成。而且，此山不仅无益还有害。

日落后，大阪湾的风开始吹向陆地，于是大阪市内的尾气和粉尘被吹往东面，由于生驹山构成了一个天然屏障，导致这些尾气和粉尘整夜都会聚集在河内平原。基于这个事实，这位朋友认为此山有害，应该被移走。

当然，这些都是当时随口说起的一些玩笑话。但奈良县民的安全并没有被考虑在内，因为如果没有生驹山阻挡的话，大阪的雾霾就会被吹到大和盆地。

虽然是玩笑话，但这里面隐藏着一个巨大的事实。那就是，昭和二十年代的土地建设靠的还是人力，但昭和三十年代的时候，已经具备把一座山夷为平地的能力了。

人们在看问题的时候，往往喜欢一举两得的方法。这位朋友还补充说“那些土可以用来填埋大阪湾”。虽然没说为什么要填埋，但“填埋”这个词在当时是自带美丽想象的，因为填埋后可以用作农地，可以盖厂房，可以建港湾。歌曲《高砂之松》里唱的就是兵库县的高砂相生海岸，这里的浅海也已被填埋，还建起了工厂和港湾。

“填埋”这个自带美丽想象的工程其实是从我们的老祖先那里传下来的。例如，建了安土城并一统天下的织田信长，他的原始资本积累来自尾张的财富，从其父亲信秀这一代开始，织田家就不遗余力地对伊势海进行填海造田，正是由于这样的资本积累，才使得年轻的信长有能力向近江的国友村订购五百支步枪。

江户时期的毛利家族也同样如此。战国时期，其家族虽是山阳山阴十余国的大领主，但在关原一战战败后，被迫转移到了现在的山口县（长门周防），土地范围只有三十六万九千石。当时的当家叫辉元，他试图遣散一部分家臣，但愿意离开的人非常少。当时辉元已经算不上大名了，他甚至一度打算把藩返还给幕府政府。然而到了幕府末期，毛利家族的名义俸禄虽维持不变，但实际俸禄却高达一百万石左右。

这样的奇迹在于长期对濑户内海的填埋和经营。毛利家族非常善于理财，填埋土地的收益被算作特殊收入，以现金的方式不断在藩主手里累积。在藩内被称为“抚育金”，当发生天灾的时候用来救济民众的。幸运的是，在幕府结束之前，并没有发生那么大的天灾。

长州藩在幕府末期的活动资本主要来源于这笔抚育金，用在了京都的活动、购买步枪军舰等西洋武器以及创建骑兵队等。换句话说，填海造田换来的是倒幕资本。

通过填海造地撬动历史的事件除了上面这些正面的，也有一些反面的，这些反面教材主要集中在对湖沼的填埋。

严格地说，湖沼填埋是没有成功案例的。江户晚期的幕府政府开始对利根川下游右侧的“W”形湖沼印旛沼进行填埋，前后一共开展了四次声势浩大的工程，但最终不得不终止。印旛沼和大中湖相同，下暴雨的时候，水位快速上涨，开垦出来的土地瞬间又会变回湖泊。为此，幕府本打算要开凿排水渠，但由于资金短缺，最终没能实行。没想到的是，第二次世界大战结束后，日本又重新开始了这项工程。和琵琶湖的大中湖相似，昭和二十一年的时候，以粮食增产为目的，填埋印旛沼作为一项国家项目被重新提上日程，虽然在排水工程上取得了成功，但从结果来看，最终被挪用为工业用水。这些信息都是从各种文献里查阅到的，我本人并没有去过印旛沼。

再举一个霞浦的例子。虽然口口声声被称作“国家项目”，但最终却变成了臭水沟。这是我从书里读到的，也听人这么讲起过，本人没有亲自去看过。

从安土城下山后，我们顺便去看了一下被填埋好的农场。

以前，日本的田园风光会让人心境平和。然而，近代农业的发展却与之大相径庭。大中湖的填埋农场里有一片非常空旷的工厂建设用地，里面还有一些施工事务所、机械设备厂房等。当然，毫无情趣可言。

以前的田地，无论从哪个层面来讲，都是“活物”。浇水施肥之后，水渠被青草覆盖，流经这里的水会被天然净化，即使流入湖泊，也不会带去污染。然而，现在的情况却截然相反。这里排出去的废水里含有化学肥料，最终会通过现代排水通道流入湖泊。对自然环境来说，农业本身是一个绝对“善”的存在。然而，现在却变得跟工厂一样，将化学物质直接排入湖泊。大中湖不仅被填埋了，同时也变成了污染琵琶湖的源头之一。

当然，从琵琶湖的整体污染情况来看，大中湖的填埋农场只是非常小的一部分污染源，最大的污染源来自生活废水和工业废液。因此，很多有识之士都在振臂高呼：“照此下去，琵琶湖终将变成臭水沟。”

施工建设确实给琵琶湖带来了巨大的影响。殊不知，曾经还出现过一个可以直接毁掉琵琶湖的计划。

这个计划被称为“琵琶湖综合开发事业计划”，由滋贺县前知事起草，并获得了国家的批准，于昭和四十七年通过了特别立法，还被拨付了巨额预算。

昭和五十年的时候，这位前知事突然去世，接下来上任的就是现在的知事。在选举的时候，他主张暂停此计划，得到了滋贺县民的支持，并成功当选。当时，计划中的一部分项目已经开工建设了。例如，在湖南边建设人工岛的计划就已经开建了，如果此计划完成的话，湖南边的水流就会被阻断，琵琶湖最终会沦为一条臭水沟。

现任知事名叫武村正义，他关于琵琶湖的相关发言我几乎都看过。可以看出，他在保护琵琶湖上是煞费苦心的。

最近十来年，我尽可能地把跟水相关的书籍都收集了起来。其中一本是昭和五十七年由绿风出版社出版的《水战争——琵琶湖现代史》（池见哲司著），读过之后就会发现，琵琶湖的现状和未来都是堪忧的。大中湖的填埋不仅在其规模，同时，如果照此下去的话，京阪神千地区的数百万人将来很可能无法继续生活下去了，因为这些人的用水全部来自琵琶湖。

遗憾的是，对于书中指出的这个问题，滋贺县政府一直保持沉默。在这种情况下，沉默反而会引发更大的不安，滋贺县政府应该从环境论的角度对此问题做出相应的回答，并应该为此出版相关的专业书籍。

我本人并不认识武村知事，但他给人的印象是非常有责任心的。例如，《中央公论》四月号（昭和五十九年）曾刊登了他与小松左京的对谈（《琵琶湖与木星环境学》），可以看出他是一位非常优秀的环境保护主义者，但这篇对话中同样没有回答上面提到的问题。因此，我的担忧依然没能散去。

对话中，武村知事是这么说的：琵琶湖属于封闭水系，整体循环一次需要十九年以上的时间，也就是说，如果污染后的琵琶湖要进行恢复的话，至少需要十九年。

但现实情况却是，琵琶湖正处于日日夜夜被污染的过程中。如果不发起一场超越县级级别的国民保护琵琶湖的运动，也许问题就没法被彻底解决。

ke ke su 13

我家附近住着一位微生物学家，现已年过半百，他还在医学部上学的时候我们就认识了。

二十五六年前的某一天，我俩偶然在电车里相遇，没有任何的寒暄问候，他便一股脑儿地向我讲起了与细菌相关的话题。在他读研究生期间，有一回我俩又在电车里碰到了，我问他近况如何，可他马上就把话题转移到细菌身上了，说为了用电子显微镜观察，把细菌全部做成了玻璃圆片，等等。当电车终于驶入站台的时候，我长长地舒了一口气。

后来，他在医院里的检查科当了医生。有一次，我去研究室找他，他马上拿出一个看起来像珠宝盒的扁圆形容器给我看，还问我："你觉得怎么样？"当时，东京有人感染了罕见的传染病，他听说后立刻自己掏腰包买了机票飞到东京，好说歹说拜托别人拿到了患者的粪便样本。他给我看的并不是粪便样本，而是经过提取、培养后的细菌。当时他开心的就像小孩抓住蜻蜓一样。

他家夫人和我的妻子从上女子学校时就认识了。听人说，他的夫人至今仍保持着一颗天真烂漫的少女心，经常会忙里偷闲地去山里走走，或者去田野里赏花等。就在我写这本书前不久，他的夫人刚去了琵琶湖内湖之一的西湖，去那里看水中芦苇，还把当时拍的照片拿给我看。照片里他的夫人坐在一艘小船上，当地老人摇着橹，把船划进了芦苇荡。

这次来近江的时候，突然想到了此事，便向出租车司机打听了一下这个地方，没想到这位四十多岁的当地司机并没听说过这样一个地方，然后他又用车上的无线电帮我咨询了出租车营业所里的人，最终才搞清楚地点是近江八幡市东北郊外的一个叫北庄的地方，这个地方面对着西湖。

从地图来看，这一带的地形非常有趣。

以前，琵琶湖在能登川、安土、近江八幡等地形成了一片特别大的海湾，里面大大小小有好几个内湖。从北向南依次是伊庭内湖、大中湖、安土内湖和西湖，其中大中湖以外的三个内湖统称为小中湖。

这些内湖基本上都已被填埋。其中，大中湖和安土内湖已经完全成了陆地，伊庭内湖还稍微保留了一些。西湖的填埋工程虽然正在进行中，但大部分还是被保留了下来，那位微生物学家的夫人泛舟观赏芦苇的地方正是这里。

很快，我们就来到一片赤茶色的开垦荒地，景色之荒凉让我想到的是中国东北松花江的冬季。

与之不同的是，近江在日本战国时期就已经可以产出八十万石的稻米了，在六十多个国当中属于最富庶的地区之一。中国人习惯把气候温暖、湖沼众多的地方称为“天府”，像浙江省和江苏省一带就是这样的“天府”之地，有“苏湖熟，天下足”的说法。我想，近江正是日本的“天府”之地。

近江得以富庶的原因就在于琵琶湖的存在。然而，琵琶湖正在被不断地填埋，被不断开垦成农地。可见，人类的欲望是多么的深重。其实，“农地”只是开垦的表面说辞，谁都清楚，这背后真正的目的是“土地开发”。

日本从昭和三十年代开始，农业人口逐渐减少。相反，从事土地开发的人口却在急剧增加，并且超过了农业人口的数量。从文明样态来讲，这应该只是一时现象，但这种现象已十分严重。

欧洲从古罗马时代开始就铺路、架桥，进行城市建设，开发建设是在长达两千年的岁月里一步一步推进的。相反，日本的开发建设是从昭和三十年代开始急速开展起来的，最近二十几年更是如火如荼。最近，建设用地不像以前那么多了，于是习惯了大开口的狮子们也不得不一边饿着肚子一边到处觅食了。对这些狮子们来说，琵琶湖无疑是再好不过的猎物了。

我们进入开垦地后，水泥铺成的车道甚是壮观。然而，这里的景象却只能用“荒凉”一词来形容。道路两边竟然还砌起了高墙，这和秦始皇时代的道路样式是非常相似的。当时，秦始皇大兴土木，把道路建得四通八达，并称之为“甬道”。横贯琵琶湖的道路中，有一部分就是这样的甬道，这可能是为了防止车辆开进芦苇生长的浅滩里吧。除此之外，更主要的是为了防止下大雨时湖水水位上涨淹没了道路。这也可以从另一个侧面看出开垦地的海拔是非常低的。这里不禁要问，真的有必要这么乱开发琵琶湖吗?

接着我们来到一个三岔路口，这里往右可以到近江八幡市区，往左可以上8号线，还立着一个牌子，上面写着“乘船处”。道路旁边不时会出现生锈的铁皮仓库，地面上散落着塑料袋、废弃栅栏、水泥电线杆等。可以说，这里淋漓尽致地体现了日本这个国家的脏、乱、差。

以前的近江湖畔是日本典型的田园美景。然而，现在的日本正在把这些非常重要的东西丧失殆尽。不，应该说，我们从未真正获得过这些东西。这种说法或许对我们是一种激励吧。明治宪法中就已经写入的土地私权，现在依然被新宪法予以保护。这一点暂且不论，就土地所有权的基本概念来讲，这里面是存在矛盾的。自古以来，土地就被认为是公有财产，只有和既有思想重叠比对的法律才可以称得上是健全的法律。然而，这种健全理念还没有被国民完全理解。

但是，和其他地方相比，滋贺县还是领先一步的。

今年（昭和五十九年）的三月十四日，滋贺县就保护琵琶湖全域景观发布了一个条例，保护对象是全长二百多公里的琵琶湖沿岸，目的是重现与自然和谐的景观。三月十五日的《朝日新闻》（大阪）是这么报道的：

> 在湖边五十至三百米的陆地上建设或开发施工的，县知事可对其进行指导并提出建议，在其他地区建设高层建筑的须进行备案。

同时，文中还提道：

> 近年来，全国都开始重新审视自然景观，以大城市为中心，还制定了相关的条例，但这些都仅限于城市道路两旁或绿化带等局部地区，像滋贺县这样以大范围区域为对象的在全国尚属首例……

这篇报道指出，新条例生效后，建筑物的新建、改建、扩建以及砍伐竹林等，必须要向知事进行备案。

同时，报道也指出，条例在实施上是有困难的。因为这有可能会限制私权、侵害言论自由。条例也并没有具体的处罚规定。也就是说，无视“知事的指导和建议”也是可以的。另一方面，在没有具体处罚规定的情况下，此条例可以说是滋贺县县民就保护环境在思想上达成的共识，可以说这也是一大进步。

北庄右边的道路被加高了很多，路旁的沟渠都快看不见了。据说，这些流向西湖的沟渠还是在丰臣秀吉时代修建的。

天正十三年（1585），秀吉封给儿子秀次二十万石的近江土地，并在近江八幡湖畔的八幡山（鹤翼山）建城。当时，安土城早已没有了主人，一部分城郭被移去建了城，一部分居民搬迁至新建的城下町，同时还挖掘了流向湖泊的护城河。

这个护城河就是八幡堀。近江八幡城在建城十年后就成了一座废城，只有这条护城河一直与人们的生活息息相关，并被保存至今。不管是去割芦苇，还是去内湖沙洲里耕田，人们都需要从八幡堀划船而出。据说，江户时期有船装载着三百石的货物，从外湖驶入此护城河。当时它有一个美丽的名字，叫细江。

对近江八幡这个古老的城下町来说，护城河曾是其重要象征。然而，今天的护城河，两岸的景象却不能称之为美。这里本可以通过栽种竹子、树木来防止滑坡的，但是人们为了追求快，硬是采用了水泥来加固。可以说，我们的文明患上的正是这种“水泥病”。

我们已经提前和乘船处联系过了，所以有人正在那里等候我们。

近江八幡的北庄以芦苇和帘子被人熟知。在乘船处等候我们的正是船工福永武，他们家世代编帘子。

“这远比打高尔夫好得多。”站在船头的福永这么说。

船工当中，有的人是公司退了休的，有的是从事农业或轻工业的。这份工作不仅有利于身体健康，也是保护琵琶湖的一种方式。

坐船在芦苇荡里游玩的方式，在很早以前就有了。福永介绍说，以前从大阪、京都来亲戚的时候，他们会把便当装上船，一整天都在湖面上玩耍。可惜的是，现在已经没有这种习俗了。

福永把橹左一下右一下地摇着，说：“四年前，我和朋友一起创建了一个工会。”

以前，泛舟游玩被称为“行舟”。据福永介绍，丰臣秀吉也曾行舟游玩。

我们乘坐的是带篷游船，里面还配备了玻璃隔扇。看得出来，并非出自专业人士之手，但这种感觉却是我非常喜欢的。

沿着长长的护城河划了好久，终于到岸了。岸边生长着很多灌木、柳树等植物，但并没有看到芦苇。

“经常有古装剧来这里取景。”福永介绍，剧组来拍戏的时候，群众演员都用当地人，船也是直接拿来用的，船工只要换一下衣服，再梳一个发髻直接就可以开拍，大家都已经驾轻就熟了。

“蒹葭和芦苇是一回事儿吗？”我向福永打听了起来。这并不是一个简单的问题。日语中汉字都可以写作“苇”“芦”“蒹”等，但发音并不相同。第三版《广辞苑》中，关于“苇”的解释是：

稻科多年生草，生长于各地水边，是世界上分布最广的植物。

关于“蒹”的解释：

同“苇”。

由于“苇”的发音与“恶”的发音相同，而“蒹”的发音与“善”相同，因此习惯上发“蒹”的音。另外，平凡社出版的《世界大百科事典》中关于“蒹”的解释是：

也有发“苇”的音，古时候称之为“滨荻”。

福永家代代采集琵琶湖里的芦苇编制帘子，在他看来“蒹葭”和“芦苇”并不是一回事。福永是一位性格非常温厚的男子，不会武断地下定论，而是很委婉地说：“二者普遍被认为是同一种植物。古时候，这里也被称为‘丰苇原瑞穗之国’，当地人都是把二者混在一起的。但其实，它们还是有区别的。蒹葭的节与节之间是空的，很轻。相反，芦苇是实心的，并且呈絮状。因为蒹葭杆是空心的，所以当地人在形容某个人肚子里空无一物的时候，就会使用这个词。”

听福永这么说，二者确实并非同一种植物。

福永继续说：“我们是不会使用芦苇的，全部用的是蒹葭。”

这里的“我们”指的是近江八幡的帘子制造商。自古以来，近江商人就以对原材料和商品的严加选择而著称，没想到在“芦苇”和“蒹葭”的选择上也是如此严格。

“那芦苇是不是就没有什么用途了呢？”

“会被用在草房子的屋顶上。”

“这一带生长的是芦苇还是蒹葭呢？”

“是蒹葭。”

福永还介绍说，最近由于受到中国进口帘子的挤压，近江八幡的帘子市场大幅萎缩。

不久，眼前出现了一片被填埋好的土地，这里的填埋工程应该还在进行当中，可以看到起重机正在作业中。

“在我还小的时候，军队往这里运来了很多土。”

“您生于哪年？”

“昭和六年。”

这么说，福永看起来要比实际年龄显得大一些。

左岸虽然已被填埋，但右岸还是一片芦苇荡，枯萎之后呈现出的是一片茶色。

“冬天的芦苇也很不错吧。”福永说，“尤其是当风吹入芦苇荡的时候，冬天会发出干唰唰的声响，那个声音非常好听。”他又补充说：“每个季节的声响都不一样，暮春开始一直到整个夏天都是沙沙的声音，叶子和叶子之间的摩擦声音会变得很重。”

我们开始把船缓缓地划进这片枯萎的芦苇荡里。虽然呈现出的是一片枯色，但可以看到根部时不时地会露出一些青草，而且芦苇的叶子和秆子的颜色是非常光亮的，看起来有点像莎草。

“那个是苔草。”

苔草有很多种，有的可以做成雨天穿的蓑衣，有的则适合编成遮阳草帽。可以说，从古至今我们人类都在享受着苔草的恩惠。

“这草可以算是晴雨两用吧，我们也会用它编织草鞋。”

苔草草鞋？我还是头一回听说，于是便问：“是稻草鞋的替代品吗？”

“不是，稻草鞋适合晴天穿，如果湿了的话，穿起来就会很不舒服。而苔草草鞋不易湿，去泥地里的时候，就能派上用场了，像插秧的时候，穿的就是苔草草鞋……”

我们继续在一条非常狭窄的水路里前行，我开始向福永打听起了鱼。

“鲫鱼一般都会从这里游过。”福永说。

不久，眼前出现了一片五百平方米左右的圆形水面。水面上生长的正是茂密的一大片一大片的芦苇荡，当阳光洒下的时候，就成了一片金色的海洋。

我们继续在芦苇之间狭窄的水路中穿梭。

“这里有芦苇莺吗？”

这是一种生活在芦苇中的跟麻雀、黄莺差不多大小的鸟，冬季一般会飞到南方过冬，所以我觉得这个季节应该是看不到了。

“有的。”

没想到，福永也非常喜欢这种鸟。俳句中一般把这种鸟称为“行行子”，属于夏季的季语。据说，是因为它的叫声听起来特别像“行行子”的日语发音（发音是 gyo gyo shi）。

“我们这儿的叫声更像是 ke ke su，是一种很奇怪的鸟。”福永说，这种鸟听到有人的时候，就会一边啼叫着一边像小狗一样追着人。

乌鸦和老鹰对人是比较警觉的，芦苇莺也知道，在有人经过的水路是不会有这些凶猛的鸟类的。因此，它们会在有人经过的芦苇荡里，找虫子吃或者是筑巢。另外，喜欢追着人这一点，不知道是因为它们比较黏人呢，还是在宣示自己的领地。但毫无疑问的是，在它们看来，人不过是一种可以保护它们免受攻击的大型动物罢了。

14 湖滨细沙

冬天的芦苇，如果只是一根的话，呈现出的是枯叶子的颜色。但是，当它们在水面簇生成墙的时候，夕阳洒满时就会呈现出一片金色。

“下大雪的时候特别美。”福永一边划着船一边说。

在一片枯草色中，此时应该只有芒草还是绿的，没想到布袋莲的颜色更加青翠。福永说，这一带习惯将布袋莲叫“布袋草”。布袋莲的叶子虽然没有什么奇特之处，但叶柄却是圆圆地涨着的，像极了布袋和尚的肚子，还可以起到浮子的作用。

我们来到了一片开阔水域。这里曾是淡水珍珠的养殖场，对面是一个沙洲，黄褐色的芦苇形成了长长的一道矮墙，堪称一道美景。

“当地人一般把这样的沙洲叫作岛，这附近有十几个呢。每个沙洲都是一个村落，村落与村落之间是用小船往来的。这些村落都很不错，从来不会发生什么恶性事件，又特别有人情味，据说驻在上面的警察都快闲不住了。”

“福永这个姓在这一带多吗？”

“这个姓氏的人据说都是以前从尾张过来的。”

前面已经提过，近江八幡是在天正十三年（1585）丰臣秀次建城时成立的。秀吉曾提拔山内一丰（1545—1605）为秀次的辅佐家臣，并在近江长滨一带封领地二万石。一丰就是尾张人，到父辈一代，一直把尾张黑田作为家族领地，后来家境逐渐没落。再后来，一丰在扩大家臣规模的时候，把四散到各地的尾张族人以及家族旧臣召集了起来。据福永说，自己家族也是在一丰的召唤下来到这里的。后来，一丰虽几经辗转，先当了远州挂川城主，后来又受封土佐一国，但福永的祖先不知道是厌倦了战争，还是对这片土地产生了感情，就在近江水乡把根扎了下来。

“好像没有看到鸊鷉啊。”

这种水鸟在古代被叫作“鳰”，是一种非常擅长潜水的水鸟，可以浮在水面上睡觉。自古以来，逐水而居的日本人就非常喜欢这种水鸟，看到鳰在水面上睡觉就称之为“鳰之浮寝”，看到他们在芦苇中筑巢时就称之为“鳰之浮巢”，这个词也经常用来比喻人们无依无靠的处境。

琵琶湖里鳰尤其多，因此也有“鳰之海”的别称。虽然历史上的正式称呼是“淡海之海”，但“鳰之海”作为琵琶湖的雅称经常出现在诗歌当中。

“平时倒是经常能看到，今天怎么……难道和邮局一样，今天也休息了吗？”福永一说完，编辑部的藤谷宏树马上就笑开了，只有我丈二和尚摸不着头。藤谷立刻解释说：“今天是周六。”原来，邮局最近开始把每个月的第二个周六确定成了休息日。终于明白笑点在哪里的我，也忍不住笑了起来。

福永一边缓缓地划着桨，一边说：“四月黄鹂、五月芦苇莺，都是季节性的。”

“鳰是一年都有吗？”

“是的，鳰全年都有。”

实际情况虽然是这样，但俳句里的“鳰”一般被用作冬季季题。芭蕉有一首在近江作的俳句：

> 五月雨，去看鳰之浮巢。

可以看出，俳句描述的是梅雨季节，鳰成了初夏时节的象征性事物。同时，由于鳰会在夏天生长茂盛的芦苇丛里筑巢，句中的“鳰之浮巢”就是作为初夏的季题来使用的。文学史上，对琵琶湖的喜爱，应该没有人能超越芭蕉。据说，芭蕉经常会泛舟进入芦苇丛中。在作上面这首俳句的时候，正值梅雨时节，湖面水位上涨，鳰如何筑浮巢，芭蕉应该是满怀好奇的。

鳰这种水鸟可以很快从水面消失，芭蕉曾写道：

> 藏身起，十二月，海之鳰。

同时，群山笼罩，面对琵琶湖的春日美景，芭蕉更是极尽笔墨写出了：

自四方，花吹入，鳰之海。

现在，琵琶湖里依然可以捕到香鱼。在滋贺县武村正义知事的著作《水与人》（第一法规出版）中，收录了与冈部伊都子的对谈内容。武村对现在的琵琶湖并不乐观，说：“还是那个能抓到很多香鱼的年代好啊。”相反，冈部住在京都，香鱼都是从鱼铺买来的，“有一次正打算烤着吃的时候，突然发现鱼背上长了一些像是疮痂的东西，吓了我一跳”。

自古以来，琵琶湖里的香鱼个头就比较小，被称为“冰鱼”。从琵琶湖流出的濑田川流到田上（大津市）一带的时候，会形成一段急流水域，以前人们在这里会用一种被叫作“网代”① 的工具来捕冰鱼。平安时代称之为“田上御网代”，当时的鱼师隶属于京都御所的内膳司，捕来的冰鱼被作为御膳进贡给皇宫。

芭蕉就住在田上附近一个叫膳所的地方（有记载芭蕉曾在元禄二年于膳所迎接新年），并把他对冰鱼的喜爱用俳句记录了下来：

霰雪飘飘，须煮网代冰鱼相待。

意思是说，在霰雪降落的寒冷之日，把用网代捕捞上来的新鲜冰鱼煮了招待家人。我想，芭蕉喜爱的琵琶湖冰鱼肯定不是冈部看到的那种畸形香鱼。

福永继续慢慢地摇着橹，向芦苇簇生的水面靠近，说：“划船的时候，我们一般会在这里吃便当，芦苇旁边的水可以直接喝，非

① 网代：即鱼梁。

常好喝。”

对不熟悉的饮食我一般是没有太大勇气尝试的，便试着拿茶碗盛了一点，水质看起来是非常干净的，试着喝了一小口，没想到真的非常清甜，拿去泡茶应该也是极好的。福永说：“芦苇有净化水的作用。”我只是在书里看到过相关内容，没想到福永却是经验之谈。他接着又说：“二月初的湖水是不能喝的。”我想难道是因为公害问题？然而并非如此。

“我们一般把三月初叫作开春，也就是立春前，当地人认为这时的水是腐坏了的。因为水温上升，浮游生物出现后，水就变得有怪味儿了。”

土木学会编纂的《日本土木地理》（森北出版社发行）中有一章《琵琶湖·淀川流域特征》，在高桥浩一郎提出的日本季节区分表中，“春初”指的是二月十五日前后，表中注释道：

南风吹起，气温上升，高低气压周期通过。

这个时候，琵琶湖里会涌起大量的浮游生物，在当地老百姓看来就是水质腐坏了。而且，冬季在水底生活的鱼类也会随浮游生物一起浮到水面。我想，那个时候的琵琶湖应该是非常壮观的。

“芦苇就是天然过滤装置。”福永又一次强调后，接着说：“琵琶湖综合开发计划实施以后，芦苇开始被清除，从那个时候开始，水质就变差了，还发生了赤潮。近年，大学开始重新看待芦苇的作用了，他们也会来这里举办研讨会。”

现在，很多有识之士都已经认识到琵琶湖是不该被过度开发的。

然而，在那个“土地开发万能”的年代，出现了太多让人匪夷所思的开发计划。从《水战争》中记录的年表来看，建设省曾在昭和四十年十一月发布了在琵琶湖建设人工水库的计划，遭到当地滋贺县民大力反对，建设省不得不于三年后，也就是昭和四十三年七月的时候，将此计划撤回。然而，开发琵琶湖的根本思想并没有因此改变，以滋贺县（野崎欣一郎知事时期）为中心的各种大规模开发计划从未中断过。

昭和四十七年，日本各地迎来了“土地开发万能”的鼎盛时期。当年四月，滋贺县发布了在滨大津建设人工岛的计划；六月，田中角荣的《日本列岛改造论》出版，并于七月成立了田中角荣内阁。

这期间，沿岸一带的各种土地商暗流涌动。昭和四十九年十月，当地土地资本引发的“资金问题”开始浮出水面，社会党的滋贺县本部不得不开除了包括委员长在内的三名要员，三人均参与了“资金问题”事件。

那是一个非常动荡的时代。

后来，八日市的武村正义市长以“保护琵琶湖”为竞选口号，成功当选了滋贺县知事，并在连任竞选的时候，受到了保守、革新七党的联名推举，现在已是第三个任期，“保护琵琶湖”的大旗始终没有倒下。

明治维新以前的近江是非常富庶的发达地区，明治时代以后这里被更名为滋贺县，然而并没有引入近代产业，最终沦为了为下游京阪神地区输送人才的田园之县。

昭和三十年代，日本迎来了高速成长期，县政府的态度也开始发生了变化。当看到下游地区工业发展带来的巨大繁荣之后，县政府也开始打算引入巨额资本，于是“琵琶湖就是摇钱树”的思想产生了。

琵琶湖下游地区生活着一千三百万人，他们的用水全部来自琵琶湖。对此，滋贺县政府开始对京阪神地区摆出了高姿态。当然，京阪神地区也早预料到了，滋贺县不就是想要钱吗？于是，京阪神地区满足了滋贺县的资金要求但提出了每秒四十吨的供水要求。要满足这一要求的话，琵琶湖作为自然之湖将很难维系。为了保证向下游供水，需要建设水库。于是，各种建设计划开始层出不穷，尤其以野崎政府为甚，将琵琶湖一步一步地推向了深渊。当然，问题不全在野崎政府。在当时那个极其特殊的年代，不仅有时代的要求，同时也不能忽视来自京阪神地区的傲慢要求。

东京大学工学部的高桥裕教授在《水》（东京大学公开讲座·东京大学出版社发行）中的“水资源”一章中写道：

> 美国出现了“抽水马桶是野蛮象征”的运动，如果全世界四十亿人都用抽水马桶的话，全球水资源将远远无法满足。

高桥教授呼吁城市节水。在东京都内的二十三个区中，东京大学的用水量曾一度位居第二位（第一位是东京煤气的丰洲工厂）。昭和四十三年，水费修订之后，大学的用水支出开始影响到了大学财政，于是大学开始推行节水计划，仅东大工学部二号馆的一个漏水处被修理好，一年就节省了几百万日元的水费。

城市浪费了大量的水。

高桥教授认为一个家庭的适当用水量为每天一百五十毫升。以洗车为例：

> 水费只要稍微一上调，人们就开始大肆反对。然而，花几百日元用洗车机洗车的时候，人们却一点也不觉得心疼。这是一个非常矛盾的现象。美国人会用洗车机，欧洲是没有的，欧洲洗车的时候都是用抹布擦洗的。据说，在看到日本家庭消费之后，欧洲的家庭主妇最为吃惊的就是洗衣机漂洗时的用水量。

琵琶湖最早是在昭和五十二年五月发生赤潮的。之后，每年的四月下旬到五月上旬都会发生。昭和五十五年的发生时间相对较晚，是在五月二十四日发生的。这一天，当时的大平正芳首相登上了一艘考察船，考察的正是琵琶湖的污染状况。对此，《水与人》中写道："穿过琵琶湖大桥来到北湖之后，眼前就是一片赤茶色的湖面。"据说，当时的大平首相甚为震惊。

赤潮发生的原因在于湖水的富营养化，这也是滋贺县人所共知的。富营养化的原因之一就在于磷的使用，而家用合成洗涤剂里含有大量的磷，这些也都是当地老百姓无人不知的。

滋贺县县民的厉害之处就在于，为此发起了一场居民运动。人们开始抵制合成洗涤剂，呼吁使用皂粉。在这样的舆论基础上，武村知事制定了《琵琶湖条例》，禁止了家用含磷合成洗涤剂的使用和生产。据说，日本香皂洗涤剂工业协会对条例的实施进行了激烈的反对。此条例于昭和五十四年十月被县议会表决通过。

> 波兰考察团访问琵琶湖的时候，他们说："这才是真正的爱国运动。"那时我才恍然大悟。（武村正义《水与人》）

武村知事被1983年11月26日的《朝日新闻》（大阪）《新人国记》专栏称为"骑自行车主义者"。我想，政治家非常需要具备这些现代思想。但是，如何控制土木建设这一"现代怪物"，《水与人》对此并没有提及。

前知事留下的《琵琶湖综合开发特别措施法》也只是稍微变了个样子，依然留在了新政府里。

为了阻止综合开发，昭和五十一年以后，不带任何政党色彩的市民运动在持续进行着。例如，当年三月，一千一百八十六人的原告团，以"琵琶湖环境权"这一新的法律思想为中心，向大津法院提起了诉讼。这是基于民法第七十九条"不法行为责任"提起的一项民事诉讼。那么，这样的诉讼能否阻止国家及地方已投入大规模预算的开发项目呢？我想，希望是非常渺茫的。

因为建设工程在南湖已经开始。滋贺县即使拥有武村正义这样的知事，也难以阻挡土地开发浪潮，不禁让人黯然神伤。

> 面对琵琶湖的悲鸣，我们滋贺县全力以赴，琵琶湖不能继续污染下去了，希望早一天重现昔日的碧波绿水。为此，我们在行动。同时，我们也深知这是一条需要不断摸索的道路。（《水与人》）

这并不是市民运动组织方写的文章，而是出自滋贺县知事。能写出这种文章的知事，作为琵琶湖的守护者，我想这也给人们带来了希望。

我们划着船开始往回走了。

正值夕阳西下，仿佛从哪里的山寺里传来了暮鼓偈的声音。

不知道是不是由于湖面上泛起的水蒸气以及环绕四周的群山，让琵琶湖的落日并不像神户一谷那么的红，恰似丝绸般的淡淡轻柔，湖中涟漪荫翳渐渐浓了起来。

在回去的船上，我心里一直有一个不安的声音，“有一天湖滨细沙都会迎来尽头”。古人在和歌中经常会用“湖滨细沙”表示无穷无尽。顺便提及一件私事，我从小学就开始交往的一个老朋友去年去世了，他非常喜欢民谣，经常会唱《关寺小町》这首歌，其中就有歌词唱道，“近江的湖水细波，湖滨的细沙即使到了尽头，湖滨细沙到了尽头，诗歌也会无穷无尽”。

虽说湖滨细沙无穷无尽，但真心祈祷不要有走到细沙尽头的那一天，到时候即使是芭蕉的俳句也无济于事了。

奈良纪行

1 和歌·绘画·多武峰

儿童时代曾去多武峰郊游。

记忆当中，山路昏暗，路旁尽是杉树，沿着山路上去，会看到圆圆的山顶，宛如从大和绘中一跃而出，山色也一片群青。走到半山腰的时候，树林当中会有一个仿佛从天而降的建筑物。此时，树林当中的那片红色也分外好看。

很早之前，我就向妻子许诺要带她去多武峰，有一种要带她去夏威夷的感觉，巴不得她对我感恩戴德呢。因为不管怎么说，在第二次世界大战之前，对于大阪的小学生来说，多武峰是他们四五年级必去的郊游之地。在近铁樱井站下车后，朝南边的山地走个七八公里就可以到多武峰。

但这并不是件容易的事儿，因为即使是在奈良盆地当中，多武峰也地处孤僻，并不能办个什么事儿顺道去一趟，必须得专程去。

十几年前的一个夏天，当时和歌诗人前川佐美雄先生正住在奈良市，我们商量着在哪儿见个面的时候，就决定干脆去多武峰。我把妻子也一起带了过去，兑现了我多年前就答应的事儿，对我来说也是小学以来久违的再次来到多武峰。当我站在石阶下时，一丝激动之情涌上心头。

石阶两侧的枫树长势非常茂密。透过枫树，可以看到房顶铺着丝柏树皮的朱红色春日造式神社大殿。这与我记忆当中的多武峰并无多大不同，不禁安心了许多。

唯独，我记忆中的朱红色更为鲜艳些。我一直以为，红漆肯定是要反复刷的，事实上却是浅浅地刷了一层。经年累月，一些涂层剥落，略显发白。当然，这样更好一些。

石阶下，马路对面有一家用混凝土建造的酒店，这个是以前没有的。我和前川佐美雄先生来到了这家酒店二层的榻榻米客厅。

“夏天简直太难熬了。”前川先生说。

前川先生患有严重的低血压，夏天尤为厉害，来到这里并非易事。

他接着又说：“低血压并不是体质问题，这是日本的风土病。”

我的血压一般也只有八九十，连医生都经常感慨，我这么低的血压还能这么拼命工作。太累的时候，如果猛地喝一些酒下去的话，血管会快速扩张，容易引发贫血。所以，酒席上头三十分钟，我一般只是慢慢地喝一些啤酒，需要先让血管适应一下。

前川先生估计是因为血压问题，酒喝得很少。他在第二次世界大战后不久就出版了和歌集《红梅》，其中有一句写道：“晚酌喝五勺[①]。”可见，是把酒当药来饮的。另外，《红梅》中还有一句是跟午睡相关的：

外出不开心，不如在家睡午觉。

“是国民病吗？”

“不是，是风土病。”前川先生纠正了我。又说，外国人来日本生活几年后，也有不少变成了低血压，而且还有据可考。“至少是奈良县的风土病。”

前川先生出生在奈良县葛城山的山脚下，我母亲也是奈良人。虽然不能仅凭这两例，就断定所有的奈良人都是低血压。但确实，第二次世界大战前，奈良县一直有个习惯。仲夏时节，如果有客人到访的话，主人会给客人拿出枕头，一起躺在榻榻米上聊天。前川先生补充说，从这个习惯也可以看得出，奈良县很多人都是低血压。前川先生的作品风格也不是高血压作者能写得出来的。在《新潮日本文学小辞典》里，评论家米田利昭对他的点评是：“个人的无为抒情里蕴藏着某种反抗的力量。”这个点评真是一语中的。不妨通过他的作品来看一下这个特性。

非鸟，非鱼，朱云往，缀无为。（和歌集《天平云》，昭和十四年出版）

虽然是彻底的反写实主义，语言中却散发出了独立的耀眼光芒。

① 一勺约十八毫升。

同时，也能感受到低血压人的那种慵懒之气。与此相对，鸟和鱼都是血气高昂、富有行动力的，朱云也同样如此。作品中的朱云或许影射的是社会中的繁华与热闹，也可能是暗指文坛。但是，诗人只是无为地注视着这些，并把这种无为用和歌记录了下来。

前川先生在奈良市生活的那段日子，一直没有安装电话，因为他不喜欢。夏天一般也不工作，他不世俗，不喜欢太过华丽、耀眼的东西。

但他并非隐士。

因为隐士本身就已经是行动派了，这足以让人厌烦。可以说，前川先生是把奈良人好的方面浓缩于一身了。

明治时期的那种出人头地的入世哲学，在奈良县是最行不通的。从明治时期到第二次世界大战结束前的这段时期，“大臣”“将军”被认为是飞黄腾达的社会标准，各个县都出了很多这样的人物，山口县和鹿儿岛县出得最多。

但是，奈良县到第二次世界大战战败的时候，“大臣”和“将军”一位都没有出现，仅在临近战败的时候，出了一位陆军少将。

往好了说，奈良县是一个具有骀荡气质的地方。

前川佐美雄先生就是一位骀荡之人。他有时还会横眉冷对，这是更高层次的一种骀荡。米田利昭先生评价前川先生的作品为“孤高独善之歌”。我觉得评价是非常到位的。如果更通俗地讲，就是“随人便之歌”。前川先生和大多数奈良人一样，和投缘的人走得非常近，待人极为亲和。这同样是一种骀荡。

让我们把话题继续转回到多武峰。

今年（昭和五十九年），全日本罕见地冷。三月一日，我为了参加东大寺二月堂举办的取水仪式，便前往了奈良市，下榻在位于湖畔的一家旅馆。

第二天，我就去了多武峰。对我来说，这是第三次前往多武峰。

多武峰这个名字很是奇妙。在《日本书纪》齐明纪二年（656）的记述中就已经出现，这也可以看得出奈良县的悠久历史。在尚未出现文字的古代，当地人把这座山叫作“ta mu”，《日本书纪》里按照发音对应了“田身岭”这三个汉字。但是，在《万叶集》卷九中对应的却是“多武”这两个字，后来还有“谈武”的出现。

齐明纪二年的记述中提道：“在田身岭上建了一圈矮墙（石墙还是木墙并不清楚）。”如果是石墙的话，它是军事设施还是宗教设施，这些并没有明说。而且，当时山上有两棵榉树，被看作神树，齐明女帝在榉树旁建了一个观。在中国，观从古至今指的都是道教寺院。为什么要建一个道观呢？我想大家一定很好奇。从这里简单的记述中，无法获知原因。

总而言之，从齐明纪前开始，“ta mu”这座山就一直被看作一座神秘之山。后来，藤原氏的始祖镰足（614—669）就被葬在此山，并修建了陵庙。

当时，神道教不会把肉身之人作为神社的祭神。同时，佛教也不会把镰足视为佛，为其修建一座寺庙的想法也是不存在的。所以，最终采取了神道教和佛教以外的“观”的形式。多武峰上在镰足生前日本已经出现了道观。

在古代的日本，虽然碎片化地引入了一些中国的道教信仰，但并没有形成体系。多武峰上虽然有一些道观样式的建筑，但里面并没有道士。

多武峰上的建筑到底是道观、神社，还是寺庙？这种模棱两可的情况一直持续了一千多年。

七世纪下半叶的时候，多武峰开始祭祀镰足。镰足的儿子定慧曾去唐朝留过学，为其父修建了十三层木塔。现存的塔是 1532 年重建的，红漆和丝柏树皮房顶的颜色非常和谐，在协调的塔身中，还有一种不协调的典雅之美。

木殿也同样如此。藤原氏喜好华美之物，祭祀祖先的奈良春日大社的社殿（采用春日造式）里涌动着一股少女般的花柳桃色气息，多武峰在春日造式之上更是加入了桃山样式，更显华丽。

到了平安时期 926 年的时候，多武峰的祭神才被命名为“谈峰权限”。“权限”的意思是“佛作为日本的神临时出现”。这种说法出现于十世纪，是一种神佛融合的思想。

正是基于此，作为天台宗（叡山）之后，多武峰开始被佛僧护持。这里的僧人被称为“社僧”，但现在已经不存在了。

明治时期的太政官政府，在废佛毁释这件事上，操之过急。庆应四年（1868）旧历三月十七日，政府要求全国的社僧复饰①。

明治二年（1869），多武峰的社僧们被迫还俗。明治七年，根据《神佛判然令》，为了去除佛教色彩，多武峰换了一个大煞风景的名字，被更名为谈山神社。

① 复饰：留发还俗。

还俗的僧人当中，有一半人按照政府命令，娶妻称姓，在寺院里过活。例如，六条氏（旧子院华上院）开始经营起了三等邮局。

太政官政府声势浩大地创立了全国性的邮政制度。当时，只是为了礼遇幕府时期的庄屋、乡绅名士等准官吏，允许他们在家里经营业务。没想到的是，一夜之间竟然形成了全国范围的通信网络。

六条笃（1907—1944）出生于多武峰，是一名西洋画画家，也是一位擅长写新式和歌的诗人，在两个领域都非常受人尊敬。第二次世界大战末期，年仅三十八岁就英年早逝。因此，并不为世人所熟知。

奈良市成立县立美术馆后，于昭和五十八年二月，举办了“现代主义画家·六条笃展”，展出了很多当地人都知之甚少的六条遗作。

我没能去成这个展览，后来，有幸拿到了画展目录，鲜亮的色彩以及准确的素描都是令人极为震惊的。另外，六条在昭和初期就已经开始尝试超现实主义手法（《梦见彩虹的蜗牛》《岬》等作品），作品不仅不浮夸，比现实主义更为确切。

奈良县离海较远。

多武峰更是位于奈良盆地深处，处于与海无缘之地。也许正因为如此，六条笃对大海的憧憬尤为强烈。超现实主义作品《岬》中，海螺和二枚贝背后舒展开了一片海之蓝，比天鹅绒还耀眼。

诗集《六条笃诗选集》（昭和九年由东华书院出版）中有一首题为《三等邮局》的诗歌。

三等邮局的年轻R局长，在风景印章中，总是凝视着大海。

每个异乡人，

每个异乡人，

都会询问前往大海的方向。

从照片上看，六条笃长相俊丽，宛如会出现在梦里的人。

但是，命运却把他绑在了多武峰。他是子院华上院社僧的孙子，年纪轻轻就要在深山里守护三等邮局。他对外界的向往尤为强烈，大海正象征着他所向往的外界。写到这里，我不禁略感心痛。

为了跳出厚重的家庭和历史，他的诗歌和绘画采用了现代主义手法。从这个意义上来说，作为一名艺术家，六条最能代表奈良人的骄傲与悲哀。他的作品不会有太多感情渲染，相反，会通过知性和韧性将感情升华。

昭和三十年代，我在一家报社负责文化专栏的编辑工作。当时我想，奈良的一些古建筑和古雕刻中，应该会有一些不起眼的配角，就去找摄影部的井上博道商量。他对奈良非常熟悉。我拿东大寺二月堂戒檀院里的广目天举例，我说："如果广目天是主角的话，那么被踩在脚底的天邪鬼就是配角。"没想到，井上马上就领会了我的意思。我俩把这个连载命名为《美之配角》，照片都是井上拍的，文章是由其他诗人和学者撰写的。

后来，淡交社按照相同的名字出版发行了此书。这应该是井上最早的一本写真集。

在这个连载中，多武峰出现的时候，它的配角就是十三重塔，文章是前川佐美雄先生撰写的。文章中也出现了六条笃的名字。当时他已经过世，以下是文章中的部分原文：

> 仰望谈山神社和木塔的时候，南侧就是六条笃的家，被保存至今。家里有寺院风格的各种物件，古色古香。但是，主人六条笃却早已不在。他在第二次世界大战结束当年的一月（注：实际是第二次世界大战结束前一年，具体为昭和十九年十二月二十五日）病逝。六条家里代代都是多武峰的僧侣，并于明治时代废佛毁释时期还俗。听说，在当地的僧侣当中，六条家有着非同寻常的地位。
>
> 当时，与其说他追求洋气，倒不如说是摩登。他做的和歌不会拘泥于三十一个字，他还会模仿古贺春江、川口轨外等人的绘画风格画抽象画，并且每年都会举办独立画展。有一次，有人劝他，应该把和歌作成三十一个字。他笑着答道，就像十三层塔一样（注：应该是比喻十三重塔的协调性），如果每天早晚都要看的话，我倒希望把它颠倒过来。

前川先生生于明治三十六年，写这篇文章的时候正值壮年。虽然六条只比前川小四岁，但文章中的六条却是那般的年轻，如同照片里一样。确实，六条的绘画和诗歌总会让人感受到一股青春气息。顺便捎带一句，须田大画家出生于明治三十九年，比六条年长一岁。

沿着杉树林，我一边向多武峰前进，一边和须田先生聊天。我说："六条品性温和，在我心中是一位真正的贵族。"我想前川佐美雄先生应该也是这样的人，没想到须田先生听了我的话之后说："我就与他们不同，我老奸巨猾。"这样的自我评价与大画家的实际人品太不相符了。他意思是说，自己老奸巨猾，所以才没像六条那样英年早逝。另外，与老奸巨猾无缘的前川先生，现在正在逗子颐养天年呢。几年前的某个正月，我俩在京都大饭店偶遇。一起回忆奈良往事的时候，他说："逗子这边的浪太大了。"看来，前川与六条虽然都是奈良人，但对海的眷恋却大不相同。

2 二月堂

东大寺院内的自然景观非常丰富。

正中央是毗卢舍那佛（大佛），这是华严思想的象征。有了大佛殿，整个院内如同华严世界一般宽广浩大。这是一片边长约为一公里的正方形土地，有二月堂、开山堂、三月堂、三昧堂等堂宇，还有很多子院建筑。东面是丘陵地带，缓缓地倾斜下去，大路小径相通，有自然林、小河、池塘等。一不留神，草丛里还会发现很早以前的奠基石。能这么完好保存下来的寺庙院落，在日本并不多见。仅凭这一点，就足以给东大寺带来无限荣耀。

东大寺院内，景致多样，每一个角落都与众不同。一般会从南面来参观整个寺院。南大门让人感受到的是，来自建筑的纵横力学构造之美。对面的大佛殿，把重量进行了造型化，这样的一座木制建筑，当属世界第一。

西边一侧是最有趣的。这里和寺庙外的町家融为一体。现在西侧的西大门和中门只剩奠基石了，只有转害门还保留着结界的威严。虽是天平时期的建筑物，却和佐保路（平城京时期的一条大路）上的熙熙攘攘天然地融合在了一起。第二次世界大战后的某一天，我正好路过这里，当时是自行车存放处。

说到天平时期的建筑，不得不提正仓院。建筑物及收藏的宝物全部是天平时期的，并被完好无损地保留了下来。明治时期，正仓院被移交给了日本皇室。

东大寺院落的每个角落我都非常喜欢。

如果非要举一处来说的话，非二月堂一带莫属了。比起站在那儿观赏，走着穿过这一带的时候，更为赏心悦目。二月堂建在院落东侧的斜坡上，属悬造式建筑，被横梁支撑着，大面积开口朝西。正所谓“啖西风，日落赏茜云，夜深观星天”。

从西侧走过来的时候，先会经过大汤屋、食堂和若狭井，然后左边就是二月堂，再穿过三月堂和四月堂，就到了观音院。这一路都是缓缓的下坡，美极了。

今年三月一日下午，修二会（取水仪式）开始的时候，我来到了东大寺。当天，虽然天气晴朗，但盆地南侧的吉野山上却降下了雪。来到二月堂前的时候，我简直被冻坏了。

“来点甜酒吗？”我问须田大画家。

“甜酒，好呀！”

我知道，大画家好甜口。

几百年前，二月堂这一带就有一家卖甜酒之类的茶屋，名字叫“下茶屋”。既然这家是下茶屋，肯定还有一家叫上茶屋。听说，很早以前，上茶屋就没有了。

现在这里虽然是一家茶屋，但屋顶是用本瓦铺的，非常厚实，颇有古建筑的风格。然而，具体建于什么时间，并不是十分清楚。东大寺的众多史料中，偏偏对这家茶屋没有任何记载。甜酒只是个口实，其实是我想进茶屋里面看看。站在屋檐下的时候，我试着问了一下长谷忠彦有没有带望远镜，没想到他竟然有。我指着下茶屋说：

“快看！屋顶中间站着一个被熏黑的小钟馗，望远镜里能看到。”

肉眼的话，只能看到一根手指那么大。

“啊，钟馗，看到了，看到了！”

昭和二十四年前后，我向上司海云先生请教过有关钟馗的故事。钟馗是道教的神，出现在佛教寺院里是非常罕见的。

难不成钟馗是历史上真实存在过的人物？

据《事物纪原》记载，唐开元年间（713—741），钟馗出现在了玄宗皇帝的梦里。一天夜里，玄宗皇帝染疾卧床，梦里惊现一只小鬼。小鬼偷走金香炉，还拿起玉笛，吵吵闹闹地吹了起来。玄宗皇帝问小鬼何许人也，小鬼答道，此乃疾病之鬼。

玄宗皇帝呼叫值班士卫的时候，又出现了另一只大鬼。大鬼头戴破帽，身着蓝袍，佩角带，威风凛凛。大鬼抓住小鬼，抠掉了小鬼的眼珠，并将其咬死。玄宗皇帝问大鬼是何人，大鬼答，臣生前乃终南山进士钟馗也。

据说，钟馗科举未中，在御殿前撞台阶而死。

道教（日本神道教也逐渐受其影响）认为，生前因不得志而死属遗恨之死。基于这样的道教思想，玄宗皇帝非常同情钟馗之死，为其遗骸穿禄袍并厚葬。

钟馗感玄宗之恩，许诺今后致力于为世人除魔，之后就消失了。同时，玄宗皇帝也病愈了。

后来，玄宗皇帝叫来了被后世称为画圣的吴道子，没想到的是，吴道子画的竟然与玄宗皇帝梦里出现的钟馗一模一样，于是玄宗赏了吴道子百两黄金。自此之后，在门上贴钟馗像除魔的习俗开始盛行。

东大寺曾是遣唐使们回到日本后的聚集之地。很可能是，他们看到中国在流行这一道教除魔之术，便从中国带回了日本。这跟佛教没有任何关系。

当然，现在的这个下茶屋不可能是天平时期的建筑。但是毫无疑问，在屋顶上放钟馗的这个习俗是奈良时代以后才有的。

走进茶屋后，里面有一种明治、大正时期的感觉。

墙上贴着“酒，350 日元”“饭，150 日元”“心天，300 日元”“关东煮，400 日元”等。地上摆着几张长桌，铺着用旧了的榻榻米。墙上还贴着一些酒水品牌的海报，每张海报都是日式美人的照片，海报旧得已经变成了酱油色。

茶屋里到处都是缝隙，外面的寒风飕飕地往里吹。为了御寒，店家准备了火盆和煤油炉子。看样子，煤油炉子应该是昭和三十年代的老物件儿。炉子前面还躺着一只焦茶色的猫。

“有猫！”藤谷宏树说。

“这只猫可真肥大。”

“猫吗？”店主笹田随口附和了一声。笹田看起来就像法隆寺的古木，身体非常结实。这个时候，茶屋里正好有点忙。我们一行都已是头发花白的年纪了，手里捧着火盆，看了菜单好久，最后点了鸡蛋盖饭。

“鸡蛋盖饭！”店主向厨房喊去一声。

“那只猫可真肥大！”我们又说了起来。

听店主说，这只猫的妈妈是只流浪猫，来到这里已经整整十七年了。这只猫在这里也已经十七年了。

“多大年纪了？”

“猫吗？”

“不，您多大了？”

“快六十了。”

“这个酒是当地产的吗？”长谷指着身后的柱子问店主。

看得出，长谷对这个茶屋很感兴趣。柱子上挂着一个细长的珐琅牌子，上面写着“丸市吟酿”。

“是奈良当地的，但酒厂早没有了。”

酒厂很早就已经废弃了。茶屋里挂着的这个牌子，却一直没有摘下。

“这是什么时候的酒？”

“什么时候的呢？玻璃一升瓶还没出现的时候就有了吧。当时还是用酒壶卖酒的年代。”

如果是这样的话，那至少也是大正时期的了，或许更早一些。

“这个酒是中村家酿的。最近，中村先生来我们茶屋的时候，看到我家挂着的这个牌子，吃了一惊。真是非常久远了。”

笹田貌似不擅长记具体年代。

“您这店经营多长时间了？”

“几百年了吧。”

“有三百年吗？”

“差不多吧。或许更久一些。店名也换了好几回，几百年前好像是叫门屋，后来还叫过甘酒屋，还有肉桂屋什么的……”

“屋顶那瓦也很老了吧？”

“很老啦。”

“钟馗也很久远了吧？”

“啊，很久远啦。”句尾被拉得很长，好像是在感叹着什么。究竟多少年了，还是没说。

跟东大寺相比的话，即使三百年的历史，也还年轻得很。

“您没注意到桃子吗？”笹田提醒我，“屋顶上的兽头瓦一般都会做成桃子形状。”

被提醒后，我赶忙出去，看了看屋顶。已是落日时分，虽然看得并不清楚，但确实有的瓦是桃子形状的。

中国道教中，桃子和桃木被认为可以除魔。关于桃子的除魔功效，日本古代已经受其影响，《古事记》和《日本书纪》的神话中都有所记载。

据记载，伊邪那岐命男神去拜访已去到黄泉国的伊邪那美命女神的时候，女神让男神不要看自己，但男神却犯了禁忌。一怒之下，女神派自己的手下去捉拿男神。男神逃到通往阳间的出口处时，捡起放在地上的三个桃子，向追捕自己的恶鬼们扔了过去，将恶鬼击退。桃子可降魔，这是中国古代的思想，类似的日本神话是从第二次世界大战前才开始被人们提及的。

研究中国哲学的福永光司教授，在《道教和日本文化》（人文书院出版）一书中指出：

> 以《周礼》和《左传》为代表的记录中国民间信仰的文献中，记载了很多桃子和桃木相关的宗教巫术。

中国在汉代时已经有了“桃印”（《后汉书·礼仪志》记载）巫术。据说，汉代的时候，家家户户会在夏至的时候，在门上贴桃印来阻止恶气。把桃木削成板，再写上固定的文字就是桃印。

中国并没有在屋顶放桃形瓦的习俗。日本的这个习俗，或许是古代东大寺的僧侣们想出来的。

与此相关的是观音院，这是东大寺的一个子院。

上司海云（1906—1975）曾住在这个子院，被文人墨客所熟知。现在住的是海云的法嗣新藤晋海。

对须田大画家来说，上司曾是他的精神守护者。

笹田看了看大画家，开始追忆起了当时。

“当时”指的是昭和二十年代，粮食极度紧缺的年代。

“我给上司先生送过好几回关东煮，都是整锅整锅的。”

那个时候，观音院的收入还很少。但是，上司却总是为艺术家、学者、文人们敞开着大门。由于经常举办沙龙，寿美子夫人曾不止一两次地偷偷跑去当铺。

“应该是昭和二十四年的时候，上司先生家里举办乌冬面大赛，我端着食盒不停地来回跑着送面。”

“谁拿第一了呢？”

“我光顾着送面了。”笹田说。

这时，须田大画家略不情愿地说：“是杉本（健吉），一共吃了三十二碗。”须田先生的记忆力依然是无人可比呀。

杉本大画家体格健壮、声音洪亮，胃口好是毫无疑问的，但三十二碗也确实不少。

“第二名是新药师寺的福冈住持，二十四碗。”

这天，寿美子夫人没准儿也跑去当铺了呢。不久之后，杉本大画家就离开奈良，去了名古屋，并名声大噪。可以说，杉本大画家后来反而成了观音院的守护人。

上司非常喜欢须田。二人四十几岁的时候第一次相遇。据记载，当时的须田宛若追求真理的善财童子[①]。虽然二人生于同一年，但在上司的记载中，须田时而像是痴迷于踢石子儿的孩子，时而又是“狂人须田剋太”。对须田来说，这无疑是对自己最高的溢美之词了。

须田对上司的仰慕之情让人觉得有点不可思议。二人年纪虽然相同，但须田对上司的仰慕之情，却是小女孩仰望父亲的那种向往。昭和五十年，上司病情恶化的时候，须田曾多次跟我说起：“只希望他能好好活着。”现在依然清晰地记得须田当时的表情。

从观音院也可以看出，奈良是一个文化沙龙此消彼长的城市。

原因大概只有一个。都城迁到平安京这个山城以后，南部的落寞开始沉淀并传承。如果拿中世纪的欧洲来对比的话，东大寺、兴

---

① 善财童子：《华严经》中的修行者，历访从文殊到普贤53位名师而受到教化。文学及绘画中常被描绘为和蔼亲切、纯真的童子形象。

福寺就是当时的大学，但当时的京都已经形成了非常坚实的文化集团，相比之下，奈良就是乡野之地。对于这种少数人的落寞，南部的知识分子应该也一直心有不甘吧。

明治时期，首都迁往东京。之后，京都也开始衰落了。当然，与此同时，奈良的衰落就更为严重了。东大寺、兴福寺等开始失去寺院领地，与江户时期相比，奈良的凋落有过之无不及。僧侣数量减少，学僧也少了很多。知识分子的这种闭塞状态被称为“孤愁”，明治、大正时期的奈良应该就是这种状态。

明治四十一年（1908）的时候，这种状态稍稍有所打破。按照国家法令，奈良设立女子高等师范学校（现在的奈良女子大学）。终于，东大寺的僧侣以及住在那里的知识分子们，具备了结识朋友的条件。

学校创立之初，有一位教授叫水木要太郎。他出生于庆应四年，来自伊与，是国文国史教授，并对当时无人问津的古文化，做了非常翔实的调查，创立了被称为“奈良学”的学问。这位教授人品非常好,又是一位兴趣主义者,很多人开始以水木教授为中心创立了“水木会”。据《大和志》（二战前奈良县的乡土杂志）记载，这是发生在大正十三年六月的事情。

同一时代的大阪，处于孤愁状态中的就有幸田成友博士（露伴的弟弟）。明治三十四年，成友博士被大阪高薪聘去编纂市史，并于明治四十二年结束工作后，回到了东京。到今天，他所编纂的《大阪市史》依然是编纂市史时的重要参考范例。在大阪的时候，幸田和奈良的水木要太郎结下了深厚的友谊。

水木要太郎于昭和九年去世，当时的《大和志》设立了追悼专刊。其中，幸田成友撰文《追忆水木翁》。对知识分子来说，当时的大阪也是一片落寞的土地。

在大阪的时候，经常和故人往来。现在想来，当时的大阪真是个大煞风景的地方。狭小的中之岛公园、展品匮乏的博物馆，我到底还是无法满足于这些，基本上每个周日都会跑去京都或奈良。（中略）只要一去奈良，就会和水木先生约在一个地方，一直畅谈下去。去奈良并不像去京都那么方便，一两个小时的谈话并不能让人尽兴。于是，要么就在先生家里过夜，要么先生就带我去熟悉的某旗亭住一宿。

这么看来，志贺直哉搬往奈良就具有非常大的意义了。从年谱来看，志贺于大正十四年（1925）四十三岁的时候搬往奈良，后于昭和十三年（1938）五十六岁的时候搬回东京。在奈良的这段时间里，往来于志贺家的人数不胜数。这有其弟子网野菊的文章为证，这篇文章后被收录在追悼上司的书籍《壶法师海云》（上司海云追忆记刊行会出版）中。另外，出于对志贺直哉的仰慕之情，从大正十年开始，网野也在这里生活了大概三年时间。

自从先生（注：志贺直哉）搬往奈良以后，滝井孝作先生和舟木重雄先生也搬了过去，武者小路实笃先生也在奈良生活了一年左右。和东京不同，这里走着就可以去往市里，人们之间的往来也更为方便些。附近的若山大画家、印度志士萨巴瓦尔先生、加纳和弘先生等人每天晚上都会聚到志贺先生家里。

上司也是志贺直哉沙龙中的一员。志贺去世后，上司把沙龙继承了下来。《壶法师海云》中记载：“我们每个月都会在奈良相聚用餐，一起来追忆志贺先生。”

当时的奈良，还有一个团体是以和歌诗人前川佐美雄创办的杂志《日本歌人》为中心的。前川于昭和八年从东京回到奈良，昭和五十年代的时候搬往了茅崎，在去茅崎之前，一直生活在奈良。

可以说，如今的奈良，又退回到了明治初期那个没落的年代了。

就在我思绪万千的时候，藤谷宏树自言自语道：“母子两代人都生活在二月堂啊。”他说的是猫，如果从它妈妈那代算起的话，躺在炉子旁边的那只猫已经在这里生活了三十四年。

3 五重塔

奈良伟大的地方就在于从草木到建筑全部被保存了下来。奈良很多建筑的历史是以五百年、一千年为单位来计算的，这在世界上是屈指可数的，堪称奇迹。

有一天，我和朋友在市里的老街吃完饭后，想换个地方再去喝一杯。这不是一个很好的习惯。生活在奈良老街里的人们，并没有这个城市“恶习”。

这天夜里，我们穿过大路，还经过了暗暗的树丛。只看见一只鹿的眼睛在闪闪地亮着，并无人影。

“现在几点了？”我心里有点发怵，就向朋友打听起了时间。朋友把身体往路灯下凑了凑，看了一下时间，说“八点”。

这位朋友来自北京。几年前，我俩在古时被称为西域的塔克拉玛干沙漠的绿洲地带相遇，并一起结伴，同行了十多天。

他不是政治家，也不是学者，自己一个人带着装备前去考察，具备非常良好的素质。

他的容貌是我喜欢的那种，非常像江户时期歌舞伎演员的画像，方脸，身上无赘肉。这也难怪，他身上流有满族人的血。满族人的一个特性就是烈性子，但是，这个烈性子当中饱含的是浓浓的爱国心。这一点非常了不起。比如，一说起中华文明的时候，他总会很痛心，经常感慨中华文明的衰落。他是个聪明人，但由于并不是学者，到中年以前，他并不知道，远古时代，除了中国还有类似古罗马这样的伟大文明。这一点天真无邪的中国式知性，也是我偏爱的。非常奇妙的是，后来，有一个和日本有关的工作，他意外地去了一趟罗马，并有机会看了古遗址。那个时候，他才知道，原来古代西方也有过如此伟大的文明。我想，那个时候，他的精神状态应该是混乱的。吃惊程度应该远比明治初年岩仓具视一行出访外国时受到的震惊程度大。原来，外国也有如此伟大的古文明！

相反，奈良是一个可以让他放松的地方。

“您现在就相当于身在长安啊。”我这么一说，他马上苦笑了起来，并连声道谢。自不用说，长安就是现在的西安，今天那里还有大雁塔、小雁塔。这些塔的砖块，依稀还可以让人遥望古长安。但是，可以遥望大唐盛世的建筑却并没有留存下来。

所以，有人说，长安就在奈良。我和他走在草木丛生的幽暗小路上，我问他有没有去看唐招提寺，他说去过了。然后，我又说了一些我的个人看法，“看唐招提寺的金堂和讲堂的时候，我在想，长安的宫殿和政府机构应该就是这个样子”。

“您指的是什么意思？”他反问我。

关于佛教是什么时候传入中国的，有多种说法，这里暂且不论。

最初传进来的时候，当时并没有供奉佛祖的相应建筑，暂且选择了政府机构样式的建筑。

在这之前，“寺”这个字是存在的，但并不是“佛寺”的意思，而是“政府机构的建筑物”。诸桥辙次所著的《大汉和辞典》中对“寺”的注释是：“自汉以来，三公所居之所称为府，九卿所居之所称为寺。”除此之外，还有一个词叫“鸿胪寺”，这也并非佛教寺院，而是“国立的外国人下榻之地”的意思。

很早以前，就有一种说法认为，佛教在汉明帝时期传入中国。当时，僧人们从西域骑白马驮佛经前来，朝廷按照惯例，让这些外藩的浮屠（佛教僧人）们在鸿胪寺下榻。后来，专门为这些浮屠们建造了白马寺。因此，作为佛教用语的“寺”是从鸿胪寺中的“寺”被用在白马寺这里开始的。

有一种说法认为，唐招提寺的金堂是在天平宝字三年（759）建成的。当时正是唐玄宗时代，虽说这个时期的唐王朝已经开始蒙上了阴影，但长安的城市文化却处于最鼎盛时期。

唐招提寺里还有一个讲堂（国宝）。令人难以置信的是，这个建筑最初并不是属于寺院的，而是奈良时代的首都（平城京）的政府机构。明治三十八年开始翻修的时候，发现这个建筑最初是平城京的东朝集殿。

但不管怎么说，在奈良还是首都的时候，从城市设计到宫殿衙门的建造，在造型和技术上，都受到了长安的巨大影响。从某个意义上讲，奈良就是冷冻保存的长安。

“您不觉得是在中国吗？”

“嗯。”他应了应我，好像还没有什么切实感受。

没有切实感受是因为，唐代以后的中国建筑，无论外观还是内饰都发生了巨大的变化，无论外观还是内饰都存在装饰过度的问题。其实，唐朝的宫殿衙门是像奈良古寺这样的。

我俩继续往前走，目的地是商工会议所旁边的一个日式酒馆。奈良公园附近只有这一个可以喝酒的地方，我俩只好跨过茂密的草木丛，继续向前走。中途，从一座塔下经过的时候，他问我：“这是什么？”

“五重塔（兴福寺）。”

“这个在中国没有。”

确实如此。因为即使是在唐代，也没有出现过这种木造五重塔。相反，在日本佛教建筑中，这是非常具有代表性的。

唐代的时候，木材并不是容易获取的建筑材料，建筑用的大部分是石头或砖。后来，明代的时候也出现了一些木造塔，但是，不管哪座都是中国式砖塔的木造化，在形状上并没有太多新意。相反，日本的五重塔，屋顶面积广，翼角丰富，层层相连。

接下来，想探讨一下佛教中的塔以及日本的木造多重塔（三重、五重、七重、九重、十三重等）。

基督教、伊斯兰教等一神教中，信仰的是教祖，属于启示宗教。从这一点来看，佛教与其他宗教有本质上的区别。释迦牟尼并没有要求人们信仰他，他只讲了真理，也讲了通往真理的途径。当然，释迦牟尼时期已经有了僧侣宿舍（僧伽），但是还没有佛像，也没有供奉佛像的佛寺，诸佛、诸菩萨、诸神也只是“思想”，像出现在犍陀罗国的那种作为偶像而存在的佛像，在那个时候还没有。

释迦牟尼去世，被火葬后，弟子们开始供奉其遗骨（佛舍利）。

作为安放舍利的地方，当时的印度造了一个半圆形的建筑，这个建筑被称为“塔婆”。从形状上来讲，并不能称之为塔。后来，半圆形逐渐演化成了高塔状。为了安放佛舍利，第一位建塔的人被认为是迦腻色伽王。

据文献记载，在佛教传入之前，古代中国就有建造高大木制建筑的习俗。但是，真正意义上的塔，却是在接触到佛教之后才出现的。在中国早期的佛教中，为了把佛舍利安放在塔里，塔就构成了伽蓝的中心。（后来的塔，虽然也安放佛舍利，但会从伽蓝整体的构造平衡来考虑，更多的时候塔的功能被定义为装饰功能，并传到了日本。）

日本文献中关于塔的最早记载，被认为出现在六世纪末，所记载的塔现在已不存在了。法隆寺建于七世纪末（或八世纪初），其中五重塔（国宝）是现存塔中最为古老的。漫长的历史中，虽然经历了多次修复，但日本木造五重塔的精华依然在这里。

奈良时代的建筑应该是仿照唐代的。

之前的飞鸟时代，尚未完全具备仿照唐代的条件，但是朝鲜已经具备了相当高超的技艺，造塔造佛的工人大都来自朝鲜。（飞鸟时代以前的建筑，宫殿内的柱子都很粗，采用的是掘立方式。）

那么，究竟是什么人，经过怎样的思考，最开始在日本建造五重塔的呢？很早以前，我就有这个疑问，一直困惑到今天。

据说，六世纪初期，中国洛阳就已经建了一个九重塔（永宁寺），木造高塔的建造技术中国应该很早就已经完全具备了。后来，这一技术很自然地传到了朝鲜。再后来，朝鲜匠人来到日本之后，又建了中国和朝鲜都没有的独特造型。那么，日本的五重塔，究竟出于什么样的需求，又是按照谁的喜好而建的呢？

关于这个最单纯的疑问，我查阅过很多与建筑史相关的书籍。但是，每位作者都对此保持了沉默。难道说，成了专家以后，就丧失了一般人最普通的好奇心了吗？

现存佛塔中，最美的就是有“冻住的音乐”之美称的药师寺东塔（一般认为建于 730 年），以及于昭和五十六年重建的西塔（1528 年被烧毁）。

负责西塔重建的是神社木匠西冈常一（1908 年生于奈良）。一般来说，木匠是指“大和木匠”，唯独奈良的木匠与众不同。历史上最有名的就是法隆寺村的木匠。

西冈家祖父三代都是当地的堂塔修复匠人，仅西冈这一代经手的就有法隆寺金堂、法隆寺三重塔、药师寺金堂、药师寺西塔。职业履历可谓金灿灿。

西冈、高田好胤住持、帝塚山短期大学的青山茂教授，三人的对谈以著作《药师寺西塔之苏醒》（草思社出版）出版，里面详细记录了西塔的重建工作。

书中，西冈氏指出：

我觉得，修建药师寺的匠人并不是经由朝鲜半岛来到日本的，要么是从中国直接过来的，要么就是在中国学成而归的人。

相反，法隆寺则是由朝鲜的百济人建造的。经由朝鲜会花费更多的时间，所以法隆寺建成相对要晚，而且还要使用日本当地的木材，当地人不得不向百济人学习请教，一起建造法隆寺。

另外，药师寺采用的是唐代的新样式，没有经由朝鲜，直接从中国传入。如果不是这样的话，很难想象，在短短的二三十年（注：法隆寺建成以后），结构上能有如此大的进步。

这位木匠名家讲的全部是他在现场的实际感受。下面再提及一下朝鲜来的匠人。《日本书纪》中崇峻元年（588）项下记载，“有使臣从百济国来，同行的不仅有僧侣，还有建筑人员”。根据文献记载可以得知，这两位佛寺匠人分别是“太良未太和文贾古子”，二人于六世纪创建了日本的巨大建筑。与此同时，铸造术者（鑪盤博士）、瓦博士、画工等人也同行而来。

比法隆寺更早的飞鸟寺（法兴寺）就是由他们修建的。修建的时候，日本当地人也参与其中。渐渐地，这些技术扎根于日本。这个时代正是“日本巨大建筑的开端”。

在《药师寺西塔之苏醒》中，青山茂教授指出：“能成为太良未太、文贾古子徒弟的，都是日本当时的国家精英。”所言极是。对此，西冈常一指出：

都是非常了不起的聪明人，能够把中国建筑重构成日式木造结构，真是非常了不起的技术。

也就是说，从草创时期开始，就没有完全仿照朝鲜和中国。

此时，出现在我俩眼前的正是兴福寺五重塔。

兴福寺的历史非常久远。众所周知，最初是作为藤原氏的家庙而修建的，明治初年成了“废佛毁释”运动的对象之一。在堂塔伽蓝被毁掉之前，其规模比东大寺还要大。在中世，大和盆地一带全部是其寺院领地，寺院的势力仿佛一位国持大名，我们今天所说的奈良公园以及奈良城的大部分地区都曾是兴福寺的院落。比方说，我最近下榻在奈良酒店，是创立于明治四十二年的一家老牌酒店，其所在地正是当年兴福寺塔头大乘院内的一处庭园。

奈良时代以前的兴福寺位于其他地方。随着奈良迁都，兴福寺搬到了现在的地址，据说这是和铜三年（710）发生的事情。这么算来，历史确实挺悠久的。

后来经历了失火、战乱、雷击等，兴福寺多次被损毁。由于背靠具有殷实财力的藤原氏家族，每次才都得以重建。

五重塔也被烧掉好几次。

现在的塔不是最早修建的，而是于1433年重建的，属于室町时期的建筑。远远望去，这座塔是奈良景致中不可或缺的一笔。从造型美来看，它不及其他奈良古塔，例如飞天上扬的力学之华美度，或是轻盈感都略输一筹。但是，它的魅力还是无法被阻挡。

我站在塔下，向我热爱的中国友人讲起：“中国以及亚洲其他国家，对明治维新这场革命的评价都很高，其实明治维新期间有过很多愚蠢的行为，这座塔正是这些愚蠢行为的见证者，大量的古文物被破坏掉了。”

幕府末年，倒幕势力中有一股国学（主要是平田神道）派。这一派人物既非藩士，也非浪士，岛崎藤村《夜明前》中的主人公就属于这类代表，大部分来自地方富农或富商，他们的攘夷思想大都是宗教性质的。

太政官政权作为革命政府，内心是不喜欢这帮人的，但又不能完全抹杀他们的革命功绩，必须给他们相应的官位。

但是，这帮人的思想太过激进。因此，不能让他们从政。为此，专门给他们新设了与太政官并列的职位，叫“神祇官”。

这一官职其实只要念颂辞就可以了，但是这帮人不甘于此，他们想干事，打出了激进的国粹主义，他们认为佛教佛寺都是外国的事物，都应该加以排斥。这是明治早期政府最奇怪的地方，一方面试图引入西方文明，一方面又神灵附体。神祇官开始对既非佛又非神的“神佛混淆思想”加以批判，下令神佛分离。

在奈良，首当其冲的就是兴福寺。

仅凭一纸命令，兴福寺的僧侣们就被迫成了春日大社（藤原氏氏神）的神职人员，兴福寺也等同被废弃。

五重塔被以仅仅二十五日元的价格卖掉。

买主是个商人，最初是打算把五重塔当柴火烧的。后来发现，拆成柴火是件非常费事的事情。于是，又打算把塔上值钱的东西拆下来。然而，这一工作也需要支付大量的人工费用。最终，此人决定先付之一炬，然后再从灰烬中挑拣出值钱的东西来。对此，附近居民开始抗议。理由是，如果放火烧的话，火焰灰尘不知道会飞向哪里。最终，商人放弃了购买。

再后来，明治政府开始意识到了所作所为的过分之处，停止了废佛毁释，并于明治十五年的时候，为了保护古社古寺，开始实施《古社寺保存金制度》。

明治二十年代，政策更进了一步。明治二十二年的时候，包括兴福寺遗址在内，设立了规模宏大的奈良县立公园。

我们在草坪和松林的静谧当中，在差点以二十五日元被卖掉的国宝兴福寺五重塔下，之所以能够感受到某种幸福，是因为当时的明治政府及时地悬崖勒马了。可以想象，日本疯狂的国粹主义，给国家和人民带来的，除了祸害再无其他了。

“您不觉得此时幸福之极吗？”我有点把自己的感情强加于他人，而且还是强加于一位来自异国的、正是奈良文化发源地的中国友人身上。虽说我们只是在去小酒馆的途中，但是能够欣赏到如此奢侈的景观，究竟该感谢些什么呢？我觉得，最应该向奈良精神致敬，这个精神让历经千百年的众多古建筑保存到了今天。

从多武峰回来的当天已是夜里，我想再次穿过那条路，去商工会议所旁边的那个朴素的小酒馆里喝一杯。

我约了朋友一起去，朋友也非常感兴趣。我俩一路走了好久，终于到了五重塔的时候，我们故意没有停下脚步。虽然对塔的兴趣是非常强烈的，但是刻意无视，我们想奢侈地享受一下这般感觉。当经过了塔的时候，不知道谁感叹了一声“太可惜啦”。于是，我们回头看了看塔。从结构上来看，越往上越是收缩，有种冲天而上的锋利感。

确实如此，法隆寺的五重塔、药师寺的东塔，抑或是新建不久的西塔，都是类似结构。兴福寺的五重塔，重重不尽相同，最上层的第五重屋顶的坡度是最大的。跟奈良时代或者更早以前的神社相比，室町时期的技艺是略输一筹的。

但是，我却觉得，这座塔的厚重之感也是不忍丢弃的。隔着猿沢池，把水作为近景，望着对面的台地，只有这座佛塔能把周围包裹得严严实实。药师寺的东塔，虽然具有天女弹奏般的洒脱，却无法包容四周。

“这座塔再好不过了。”

我一回头，无意中，向这座佛塔的精灵，说出了这句话。

4 阿修罗

毫无疑问，如果兴福寺不存在的话，日本文化史将会大变样。这座寺的存在，就是如此重要。在现存的重要美术品中，能想到的就有：藤原时期的兴福寺板雕十二神将立像、镰仓时期的兴福寺天灯鬼·龙灯鬼立像、天平时期的代表性雕刻兴福寺十大弟子立像、天平早期的兴福寺八部众立像等。去掉任何一件，都会让镰仓时代以前的日本美术史黯然失色。

著作方面也同样如此。如果没有兴福寺大乘院第二十七代门迹寻尊（1430—1508）的翔实日记以及《大乘院寺社杂事记》的话，人们就无法了解室町时期的政治、社会、经济。可以说，这些资料就如同盏盏明灯。

虽然，如今的兴福寺早已没有了往日的威容。但是，如果走在奈良公园及公园周边的话，是很难不踏进旧兴福寺领地里的。明治初年的时候，兴福寺自己把自己弄丢了，同时也很难把责任推卸给政府。那时候，如果旧兴福寺的僧侣们是真正的佛教徒的话，就应该像战国时期抵抗织田信长的一向一揆那样，与明治太政官政府抗争到底。

明治时期以前，日本有一个不成文的规定，叫“守护不入”。历代中央及地方政府，对各大寺院秉持的都是不介入的基本方针。因此，僧侣们完全可以利用这一不成文的规定，与太政官政府抗争到底。或者，以兴福寺高大的寺墙为屏障，拿堂塔伽蓝和塔头子院做要塞，为守护佛法而战死。

接下来，继续对日本人的精神层面进行思考。除了一向宗，基督徒也曾“宁为玉碎，不为瓦全”过。从丰臣秀吉时期到江户初期，出现了大量的殉教事件，这些教徒宁愿去天国，也不愿改宗。当时，基督教具有什么样的魅力，为何能让日本信众痴迷至此，这里暂且不论。但是，这一事件却让沉睡在日本人心中的节操和道义快速觉醒，在精神史上是一个非常重要的事件。这样的事件如果没有发生过的话，日本或许会被认为，是一个不值得信赖的国家。

相反，明治政府成立初期，对于神佛分离（废佛毁释），兴福寺僧侣们的态度让人非常失望。

相传，去春日神社做了神职的僧侣，以及一些更下层的僧侣，把佛像脱魂后，劈成了干柴并拿来烧洗澡水，还称之为“佛澡”，不亦乐乎。虽说这些僧侣们已经破罐子破摔了，但是此等行为实在是让人不齿。

我一边想，一边来到了旧兴福寺大乘院的遗址。现在，这里是奈良酒店的所在地。

这家酒店是明治四十二年建成的，为了与奈良风景保持协调，采用了桃山风格的建筑样式。建成后，经历过大大小小的多次修复，现在依然坐落在大乘院庭园旧址的丘陵地带上。酒店大堂面朝池畔庭园，不远处有一个叫作荒池的池塘，池塘正泛着涟漪，令人心旷神怡。

“我们来思考一下兴福寺吧。”编辑部的藤谷宏树和我面对面坐着，我们要讨论的话题是“兴福寺为何会消失掉”。当然，兴福寺在今天依然存在。但是，明治时期以前的那个长达千百年、在日本寺院中拥有最大领地的兴福寺，为什么没有留存下来呢？为了与现在的兴福寺加以区分，我们姑且把以前的兴福寺称为旧兴福寺。

我想，原因之一就在于：教学停滞。

奈良佛教以“论”为中心，通常被称为“南部六宗”。“宗”是“体系”的意思，比“宗教”更为恰当。兴福寺是法相学的研究机构，用欧洲概念来解释的话，就是大学的意思。

法相，也被称为“唯识”，是发源于古印度的哲学体系之一，主要思考“认识是什么”“真理的本性与特质是什么”等问题。其中也包括相关的方法论。

笼统来看，与西洋宗教相比，更接近于哲学，既非平安时期的解脱宗教，也不是镰仓时期的救济思想。

最早把法相从印度带回唐朝的是著有《大唐西域记》的玄奘（602—664）。他在长安的慈恩寺（大雁塔所在寺院）等地进行翻译工作，之后弟子窥基（632—682）承接其衣钵，并写了《成唯识论》，这是一本注释书。这正是兴福寺教学的根本典籍。

确实，法相唯识的学问和思想提高了日本人的思辨能力。但是，在兴福寺这么庞大的大学里，在长达千百年的时间里，研究的对象却只有这一本哲学书籍。既没有对其加以发展，也没有针对人类课题建立起相关的宗教体系。这样的行为本身，就是对做学问的背叛，或者说，是一种外道行为。像这样，针对人类精神活动中的一个课题，进行了长达千百年的反复研究，这种行为在世界上也是绝无仅有的。

这种“奇迹”般的行为得以实现的原因，并不在于思想，而在于财力。

必须要指出的是，兴福寺的大檀越正是藤原氏。可以说，镰仓时代前的日本政治史，就是一部藤原氏家族史，集权力与财富于一族之手。平安时代，兴福寺作为藤原氏的家庙，不断被赠予庄园。这些庄园主要集中在大和一带。

藤原氏家族的经济实力强大，不仅拥有僧兵，甚至可以无视中央派来的地方长官。最终，在平安时代晚期的时候，将整个大和国收为私有。

源赖朝在建立镰仓幕府的时候，依然无法与大和兴福寺势力相抗衡。源赖朝最终妥协了，让兴福寺当起了“大和守护”。当然，兴福寺并不畏惧镰仓政府，甚至宣称大和一国乃“武家不入之地”。

室町战国时代，兴福寺里有一个等级比较低的僧兵，名叫筒井顺庆（1549—1584），后来竟然一举成了大名。

织田丰臣政权时期，虽然旧兴福寺的势力范围已经被大幅削减，但是即便如此，江户幕府依然要给兴福寺拨付二万余石的俸禄。当时，一万石以上的就是大名（兴福寺塔头主人的等级均在大名之上）。

正是因为如此雄厚的经济实力，僧侣们才可以安安心心地做“学问”。或者说，正是由于持续做“学问”，僧侣们的身份和生活才得以保证。玄奘和窥基创立的“解释学”，被反复学习的背后原因就在这里。

旧兴福寺致命的缺陷（或者说特征）在于，塔头子院的主人均为京公家（藤原氏）之子。

可以说，从平安时代到明治维新的这段时间，兴福寺就是京藤原系公家的驻奈良办事处。

公家当中也是有阶级之分的。阶级最高的是摄关家，他们的子弟会入住兴福寺里最上等的一乘院和大乘院，这些人被称为“门迹”。兴福寺的别当（长官）分别由这两院轮流担当。

权别当（副别当）由喜多院担任，喜多院则由仅次于摄关家的清华家代代执掌，清华家以三条家为主。当然，有时候也有例外。例如，室町时期，足利将军家的子弟就当了一乘院的门迹；江户时期的亲王也曾入住过一乘院。

旧兴福寺是世俗的反映。今天，唐招提寺建在了这里，开山御影堂的所在地正是当年一条院的宸殿（寝殿）旧址。宸殿，作为京都公家殿舍中的中心建筑，竟然位于寺院当中，这本身就是兴福寺有意思的地方。明治时期以后，这个建筑历经辗转，一时被用作奈良县的官署大楼，一时又被用作法院。昭和三十九年的时候，唐招提寺搬迁至此，安放了寺院开山鉴真和尚的木像。作为建筑，这也算是最终获得了一份清雅。

《明治维新·神佛分离史料》中对“奈良的神佛分离”记载如下：

奈良的神佛分离，或者是排佛毁释，在兴福寺尤为激烈。

戊辰（庆应四年·明治元年）四月，在交由太政官的兴福寺院主名单中，二十七人全部是公家子弟。

例如，降温作为首座大乘院的隐居（实际只有二十岁），他的父亲是前左大臣二条亡治孝；应昭（十九岁）作为次席一乘院的门迹，他的父亲则是正三位近卫忠熙。就在同一年里，这些本是年轻公家的“僧侣”们，全部蓄发，转为了春日神社的神职人员。僧侣本来是没有姓氏的，还俗之后才会有。例如，还俗后的一乘院门迹应昭的名字是水谷川忠起。

根据《奈良市史》（昭和十二年·奈良市役所）记载：

废佛毁释令众人惊愕，四月十三日，两院家（注：大乘院和一乘院）率先请愿，要求复饰，一山众徒遂仿之。

也就是，主动请愿、要求放弃僧侣身份的意思。纵然有多种原因，事实却是僧侣们主动放弃了兴福寺。他们的内心应该是焦虑的：如果此时不转为神职的话，很可能丢掉俸禄、丢掉官位、丢掉一切。因此，他们会主动请缨，要求还俗。这里看不到佛教的丝毫权威与信仰。上面已经提到过，兴福寺权别当一职出自喜多院。喜多院当主是已去世的右大臣三条实起之子，僧名空晁（十八岁）。他请愿还俗一事，别说作为僧侣了，我想一般人都会不忍直视的。他是这样进行自我评价的：

等同游民的僧侣，世袭着高额俸禄，诚惶诚恐……

我想，真正的僧侣是不应该“等同游民”的。

也就是说，为僧的时候“等同游民”，从现在开始将转为神职人员，“神职”与僧侣不同，将不再是“游民”。为什么神职人员就不“等同于游民”了呢？对此，他并没有做任何说明。总而言之，京都的公家以及他们的子弟们，作为兴福寺的院家（高级僧侣），把兴福寺仅看作符合自己身份地位的一个俗世之地罢了。

明治二年六月二十四日，蓄发还俗后的僧侣们聚集到了兴福寺东室，突然开始学习起了神道，开始接受国学讲义。

神道作为宗教，太过特殊，它并没有一般意义上的所谓的教义。也就是说，需要记住的东西并不多。

此时，有一位精通国学的人，名叫古川美浓守。他根据古训，开始教授《古事记》。于是，持续了千百年的法相学，就这样像废纸一般被丢弃了。

对于当时兴福寺的荒废模样，《明治维新・神佛分离史料》里是这么记载的：

> 本寺本山已无法音、无香火；利欲熏心的无耻之辈们，偷出了宝物什器、中饱私囊；位于监督之位的官吏们滥用私权，将名画名器据为己有，以某执事僧最为过分。

僧侣们集体还俗弃寺，等同于寺院、佛像、宝物失去了主人，没有比这更令人痛心疾首的事情了。另外，从明治维新的革命性来看，也没有比兴福寺事件更为惨烈的了。

兴福寺的广大院落，同样处境艰难。

明治四年正月，与大乘院相提并论的一乘院院落，被太政官政府收走，并在此设立了奈良法院。今天，这里是奈良地方法院的所在地。

明治五年九月，寺墙与寺门全部被破坏，归为一空。只有五重塔、三重塔、北圆堂、南圆堂、大汤屋略有所剩。

后来又建起了奈良公园。可以说，奈良公园的美，是在兴福寺被破坏掉的基础上成立的。此时此刻，我们正在这里散步。我们应该感谢些什么呢？如果非要感谢的话，那就感谢旧兴福寺晚期的僧侣们的无信仰吧。这并不是在侮辱他们，日本人每个人身上，或多或少的都有一些旧兴福寺僧侣们的特质。

“既然来了奈良，是不是应该去看看阿修罗呢？”我向藤谷宏树建议。

奈良，最让我怀念的，就是兴福寺的阿修罗和东大寺戒檀院的广目天了。据说，阿修罗最初是古代波斯的神，传入印度后，逐渐变成了恶神（非天）。中村元著的《佛教语大辞典》中指出：

> 是不断争斗的幸存者，属佛教六道之一及八部众之一，被认为是一种鬼神，居住在须弥山下的海底。

然而，兴福寺的阿修罗却处处洋溢着爱，有着少男少女般的清秀面容，无垢的表情中略显神秘，又带有一丝困惑。“无垢困惑”这个词是我自己发明的。我想，如果没有充足的爱，应该是不会困惑的吧。同时，包容这些爱的内心，还太过稚嫩，所以未能升华为慈悲。况且，又具有太大的自我，因此还处于自我挣扎的阶段。大自我，正是通往佛之道路，但这条道路尚且遥远。法相唯识诞生于人类绝望当中，要想成佛，修行时间将是天文数字般的。因此，像阿修罗这样带着巨大自我的，其困惑必须要进行不断抗争，必须要彻底困惑。

在旧兴福寺的食堂遗址上，建成了一座博物馆。这里收藏着兴福寺的诸多宝物，购买门票的话，谁都可以进去参观，这一点是较好的。

走着走着，突然出现了一个水泥建成的房子，既没有很好地融入周围景观，也缺乏庄严感和艺术性。走进去一看，不大的房间里竟然摆满了雕塑和画像。

阿修罗是带有蛊惑性的。

脸上和身上全无赘肉，由于性别尚未分，不安的样子在腰部以下显得虚无缥缈。双眉皱起的样子，正是一边痛苦于自我，一边在感受到神圣时又心生困惑。不经意间，我已经双手合十了。阿修罗的眼睛表现出的同样没有向心之样，是极度的困惑。本来应该是大眼睛的，但由于双眉皱起，上眼睑很可爱地扭曲了起来，眼睛看起来显得小了一些。建造这尊佛像的是一位天平时期的佛师，我想他一定是有参照物的。那么，这个参照物究竟是达官贵人家的女儿呢，还是未经世事的宫女？

“司马先生，这是您喜欢的类型吗？”藤谷先生犹如阿修罗附体，竟然这样问我。

“应该没有人不喜欢吧。”

我想，如果没有凛然的脸庞，性别未分的神圣就无法表现出来了。

除了正面，阿修罗还有另外两面，但无论哪一面，都是主意已定的少女面容。

“您见过这样的人吗？”

“谁都应该见过吧，就那么一瞬间的样子。难道没有吗？年轻的时候，漂亮的女孩子们都应该有过这样的表情。自己脑海里的那种记忆，或者是错觉，突然变得神圣起来，少女崇拜的感情都会被过滤掉，我想，就应该是这样子的。”

猛地发现自己像是在演讲，我突然不好意思了起来。

对我来说，阿修罗就是典型的奈良人。

5 杂华严饰

佛教是什么？我想，即使是佛学造诣再深的人，也无法用一句话概括出来。

而且，费尽了千言万语，却只会离佛教越来越远。

我们唯一可以确定的是，佛教是围绕着释迦牟尼所说的佛法形成的。那么，释迦牟尼究竟说了些什么样的佛法呢？关于这一点，却没有丝毫实证。难道说它像烟像雾吗？倒也并非如此。那是因为，释迦牟尼入灭后，留下了宏大的思想。释迦牟尼在世时以及去世不久之后，其所说之法并没有立即形成文字，典籍是在百年之后才终于出现的。虽然，这些经典都体现了释迦牟尼的思想，但各经典之间也不乏矛盾之处。所以，即使是通晓全部佛教经典的人，对“佛教是什么”这个问题，也无法给出明确的答案。

有一个词叫“八百法门”。从这个词中不难看出，在释迦牟尼入灭之后，佛教逐渐成为多种多样的，然而，又都可以用“佛教”

这一个词来概括。这正是释迦牟尼的魅力所在。释迦牟尼的存在实在是太宏大了。

承载着释迦牟尼的种种魅力，佛教北上，来到了不同语言、不同民族的地区，逐渐在印度以外的中亚一带，创作出了各种经典。这也是释迦牟尼的思想魅力之所在。因为，这些经典并不是以释迦牟尼所说佛法为蓝本的。如果与非常系统的基督教做比较的话，也许有人会觉得佛教太得过且过了。不妨设想一下，如果《圣经》也有多种多样的话，估计基督教就无法成立了。

《华严经》是对佛教的本质、功能等进行解说的一部经典，但它的出现并不是在印度，而是中亚的“某个地方”。当然，在创立经典的过程中，应该是以印度僧人为主的。那么，中亚的“某个地方”究竟是哪里，却无从知晓。

佛教的传播，本身就非常具有浪漫主义色彩。

在离开其诞生地之后，佛教首先来到的是波斯语圈国家，然后继续向东，进入流沙之地，并在这里的绿洲国家落脚。这个地区我们称之为“西域”，今天，这里是中国新疆维吾尔自治区。可以说，佛教这坛酒，来到塔克拉玛干沙漠一带的时候，开始进入了第二个酿造期。这是公元前一二世纪的事情。

当佛教来到这里的时候，并没有那么容易被中国接受，而是经历了相当长时间的原地踏步。为了让当地的绿洲之王以及老百姓们接纳自己，佛教在这里先后被创作出了多部令人敬仰的经典。

这期间，颇具实力的一个绿洲国家，便是古于阗国。

如果要了解东大寺以及东大寺的根本经典《华严经》的话，绝对离不开古于阗国。准确来讲，东大寺只是古于阗国文化中的一个片段。

古于阗国，位于塔里木盆地以南（西域南道），是一个非常具有代表性的国家。可能令人难以置信，生活在那里的人们，都是西洋人长相，其中就有伊朗血统，也有公元前东征来到亚洲的古希腊亚历山大大帝军团的血统。另外，于阗语属于亚欧语系。

古印度人称于阗国为“ku-stana”，西藏人称之为“li-yul”或者是“uten”。按照“uten”的发音，古代中国人给它找了相应的汉字，即“于阗”。

二十世纪初，东西方的学者都认为，于阗国就是东西文明交汇的梦之国。我觉得，这是非常正确的，这正是浪漫主义和学问考证完美结合的典型案例。

欧洲人引领了西域探险；在实证研究领域，日本学界走在了前面；由于清末及其后来的动乱，中国在这方面是相对落后的。

从大正时代到昭和初期，对日本国内的东洋学界来说，西域研究，尤其是对于阗国的研究，迎来了一个百家争鸣的时代。例如，羽田亨的《龟兹·于阗研究》、堀谦德的《于阗考》、寺本婉雅的《于阗国史》都是代表著作。同时，松田寿男还对这些著作进行总结整理，进而加以发展。其中，寺本婉雅的《于阗国史》最为特别，它是一本译著。

于阗国于公元前就已迎来了全盛时期。十二世纪的时候，于阗人去了西藏，并用于阗语写下了《于阗国史》。后来，藏译本《于阗国史》是如何传入日本的，虽然无从知晓，但对其进行翻译的正是寺本婉雅。此后，日本人才有机会了解到于阗国的历史。

寺本婉雅在大正十年（1921）出版的《于阗国佛教史研究》中，用古体文章为其作序，从佛教史的角度，对于阗国做了如下评价：

> 于阗国是印度佛教东渐中亚的关口，同时也是其摇篮之地。

序文虽然不长，但时至今日，这个评价依然无人能比。

我曾去过于阗国遗址。昭和五十二年（1977）的某月，穿过沙漠和戈壁滩后，南面便是高耸入云的昆仑山脉，进入绿洲之地后，在沙漠的映照下，整个城市异常明亮。家家户户的房子使用的是自然晒干的砖，院子里有葡萄架，人们会在葡萄架下用餐。葡萄架的绿叶异常地充满生命力，就连吹起的沙尘也格外晃眼。“刮大风的季节就不会这么亮堂了。”听当地人说，沙漠里的沙子被吹起后，会遮天蔽日，天都是灰蒙蒙的。

这个地方，现在的名字叫“和田”。“古于阗”为什么变成“和田”了呢？我向当地人打听了不少，但并没有得到什么确切的答案。同行当中的藤堂明保教授是一位汉语学家，他自言自语地说：“秦汉时代，‘于’的发音跟‘和’的发音是一样的。”听教授这么一说，我不禁恍然大悟，教授的学问实在太厉害了。有一段时间，“于阗”被称为“和阗”，“阗”这个字现在基本上已经不再使用了，于是使用“田”来代替，所以称之为“和田”，日本一般用片假名表记为“hotan”。

在浩瀚的塔克拉玛干沙漠一带，当地人的长相更接近于欧洲地中海一带，越往南走，这种特征越明显。和田的女孩子有的甚至是金色头发。当然，他们的国籍都是中国，属于中国国内的少数民族。

漫长的历史岁月中，塔克拉玛干沙漠一直属于向南移动的状态。这里曾是古于阗国的首都，想必那时一定非常繁荣，当年的宫殿、堂塔伽蓝早已淹没在了沙漠之下。古于阗国究竟去了哪里？现阶段依然知之甚少，相关调查也迟迟没有进展。

非常遗憾的是，在和田的这段日子里，我不慎得了痢疾，不得不在招待所里卧床休息，该去看的地方基本上都没能去，只在某一天日落以后，去了一趟白玉河。产玉之河，因此被称为白玉河。自古以来，和田就以盛产玉石而远近闻名。因此，无论如何也得去看看白玉河。要不，来和田这一趟实在是太可惜了。

玉是美丽的半透明石头，宝石是没有透明度的。顺便说一下，人们对钻石等的喜欢和珍视，也是从印度文明开始的，后来传播到了欧洲。与此不同，玉文化却是中国文明独有的，而且没有影响到其他地域。当然，对日本文化也没有丝毫影响。

中国古代，玉的地位远在金银之上。

从公元前的春秋战国时期开始，士大夫以上的男子都会随身佩戴玉。例如，《韩非子》中就记载了和氏璧的故事，拥有和氏璧这样的美玉，是称王所必需的。秦以后，天子必须持玉玺，还会把一些小玉石串成穗状，制成缨，作为王冠配饰。

战国时期，士大夫腰上要佩玉，位于饰带中间的那块玉叫作“瑀”，扁平圆形状。在佩玉当中，扁平半圆形的叫作“珩”，扁平环形（有缺口）中间有孔的叫作“玦”。项羽和刘邦曾会于鸿门宴，宴席中途，谋臣范增示意项羽“此时乃讨伐刘邦之良机”时，作为暗号，就是把腰上的玦举起了三次。

在当时的中国，玉的需求应该是非常大的。

于阗国经济的建立，是以商队为基础的。公元前，于阗人曾把玉带进中国，来获取收益。这一点也是比较好理解的。

另外，于阗国还是一个佛教国家。

年代或许远比文献中记载得更为久远一些，当时，于阗国的商人和中原汉人之间，通过经营玉石生意彼此往来，久而久之，佛教就从于阗国传入了中国。这种看法也不无道理。

前面已经提及过，和田北边是塔克拉玛干沙漠，南面是昆仑山脉。昆仑山上的雪水融化后，流入沙漠，汇成小河，进而暗流成地下水。因此，这里曾是绿洲。

和田东郊的白玉河向沙漠流去。在西郊还有一条河，叫“墨玉河”，同样是流向沙漠。两条河最终都消失在了沙漠里。

自古以来，有一种“昆仑玉”的说法，说“昆仑山上盛产美玉”。其实，玉石都落进了白玉河和黑玉河的交汇之处，并不是从昆仑山上采的。

站在白玉河河畔，放眼望去，河宽大概有六车道那么宽，比我想象得要窄一些。河滩处的水流突然变窄，上面铺满了圆圆的白色鹅卵石，我试着用手电筒照着看了看，很多石头都闪闪发光，每块石头都像是美玉。“这个是玉吗？”我捡起一块滑滑的半透明小石头，向同行的当地人问。对方笑着说：“玉可不是长这样的。”第二天早上，我们去参观了玉石加工厂，真正的玉看起来与玻璃更为接近。

古于阗国富庶的原因之一，就在于盛产玉石。

如果《华严经》真的是出自此地的话，那么就应该是在七世纪的时候，玄奘从印度返回大唐的途中，经停和田，受到了国王的迎候，并在此停留了七八个月的时间。这期间，玄奘给当地的僧侣们讲授诸论（如《俱舍论》《瑜伽论》等）。据说，每天前来听讲的人，多达千人以上。当时，和田有僧侣五千人左右，伽蓝一百多处，繁荣富庶可见一斑。

让我们把时间轴拉回到古代。

东晋末期，被称为“支法领”的于阗国人，携《华严经》，来到了都城建康（今南京）。支法领的“支”，是中国人对月氏民族的习惯称谓，因此，这些人应该就是月氏人。

当时的《华严经》，是由生活在建康的于阗人（也有北印度人的说法）佛驮跋陀罗进行汉译的，一共六十卷。

《华严经》被认为是释迦牟尼成道后说法的第一经。

中村元著的《佛教用语大辞典》中，对“华严”的解释为：是梵文 Gandavyuha 的汉译，原本是“杂华严饰”的意思，进而解释为“用颜色多彩的花来装饰”。单从字面意思，就不难想象出那种华美之迹。

《华严经》的汉译一共经历了两回，第二回汉译是在唐武则天时期。

为了重新对《华严经》进行汉译，武则天特意把实叉难陀（652—710）高僧从于阗国请到了长安，并于 695 年 3 月 11 日，在大遍空寺里开始了汉译工作，翻译工作一共持续了四年之久。一般来说，东晋时期的汉译本被称为“晋译（旧译）”，唐译本被称为“唐译（新译）”。

对人类文明来说，佛教传入中国这件事是具有划时代意义的。

毫无疑问，当时除了罗马，只有中国拥有伟大的文明。当时传入其他地方的佛教，碎片化形成了小乘佛教，仅保留了佛教的戒律和风俗习惯，没有在教育层面上建立起完整的体系。在佛教的诞生地印度也不例外。

文明史的幸运之处在于，早在公元前，中国就已经存在思辨性极高的文明了，《老子》和《庄子》就是这样的典型代表。战国时期，各地就有很多关于老庄思想的教团，但它们并非宗教。后来，比较遗憾的是，中国的民间信仰以道教成形，老子被看作道教的始祖。实际上，战国时期的老庄思想原本是思辨性的，对士大夫来说，是一种政治学。

也就是说，佛教作为形而上的思想，在传入东方的时候，中国由于老庄思想的存在，具备了接纳它的基础，并对其加以发展。换句话说，当时的中国人已经习惯了深入思考，同时，对于体系化发展事物的方法，也已了然于心。

可以说，被东大寺护持至今的《华严经》教学，由西域人播种，由众多中国僧人加以培育，最终让其开花结果。在中国的山河岁月中，大概历经了二百年。

五世纪初，晋译《华严经》完成之后，作为大乘佛教中最重要的经典，开始被推崇。百年后的六世纪初，从印度传入的《十地经论》更是极大地推动了中国人的华严思想。

对华严经学的大成做出推动作用的人有法常（567—645）、智正（559—639），以及出生于甘肃境内的智俨（602—668）等人。智俨是甘肃天水人，也有可能出生于西域。而建立起印度所没有的华严宗（体系）的集大成者正是唐代法藏（贤首大师，643—712）高僧。我想法藏正是日本东大寺教学的始祖。

法藏的故乡是西域康居，他并非汉人。现在的康居应该是在塔什干或奇姆肯特一带。

法藏是被其父亲（或者是祖父）带到长安的。从法藏作为异域人这一点来看，也可以看得出唐代的巨大包容力，这一点足可以让其称之为“大唐”，同时也不难想象，长安作为一个国际大都市所具有的多样性。

法藏最初并非立志为僧，一开始他只是个喜欢哲学的少年。十七岁入太白山，长达数年学习经论，后又师从智俨，学习华严教义。这些行为并非出于宗教信仰，而是出于追求学问的冲动。后来，他的才华享誉四方，在二十八九岁的时候，受皇帝之命，受戒为僧。

前面已有所提及，武则天命实叉难陀对《华严经》进行翻译的时候，曾组建了规模盛大的翻译团队，法藏就是团队里的一员。

当时的翻译方法是：先由实叉难陀大声地读出梵文，然后由精通梵文和汉文的僧侣进行讨论，最终找到最为贴切的汉文翻译。当时，青年法藏的职责是“笔受”，相当于速记和整理的工作，同时，在翻译工作结束之后，受诏书之命，需要巡回各地，对新译经典进行讲解。

由此可见，法藏有着长期从事佛教精细实务的经验。这一点是应该被重视起来的。再后来，法藏作为华严宗的集大成者，使华严宗成为一种哲学体系。华严宗是印度哲学和中国哲学的折中体现。在华严宗发展的过程当中，有大量的西域思想参与其中。可以说，没有哪部经典能比《华严经》更能体现古代亚洲的波澜壮阔了。

这正是民族性的“杂华严饰”。

6 光耀之佛

东大寺的上司海云先生是一位毫无浮华虚饰的人。

现在，我正在重新翻看上司先生的随笔集《壶法师独语》（昭和四十八年德间书店出版），先生的那股幽默与开朗跃然纸上。这种幽默与开朗来自对弱小的充分肯定。

> 我得的贫血是一种比较棘手的病症，去年就住进了大阪附属医院，住院的这段时间里，我发现半夜是最恐怖的。

据上司先生记载，深夜的病房里总会传出莫名其妙的声音，而且这声音既不是病人的呻吟声，也不是陪床人员的脚步声。

> 不像是人发出的声音，倒像是阴魂怨鬼的低声细语。（中略）不，准确地讲，应该来自飞扬跋扈的死神。

后来据上司先生说，这个声音实际上是从他自己的身体和心里发出来的，也就是体温忽高忽低、脉搏忽快忽慢的时候，以及发烧、出汗、发麻、耳鸣、幻觉、幻听时产生的声音。也可以说，当面对生死的时候，人的身体和精神进行抗争的声音。

恐怖的一夜过后，会迎来一个非常爽朗的早晨。“隔着窗户望出去，另一栋病房的楼顶上总有什么人走来走去。”

> 后来我终于发现，走来走去的是天上的云朵。迎着朝阳，真是好看。它们看起来很开心的样子，我把它们当作早晨的问候。有时候它们像匆忙赶去听佛祖讲道的菩萨、声闻缘觉、天龙夜叉、阿修罗、人非人（注：天龙八部众的总称）等，有时候又像幢幡[1]车驾。渐渐地，大小浓淡、形态各异的云朵向东方散去。

把云朵散去的景象描写得如此栩栩如生，无疑是受到了佛教经典的影响，因为佛教经典就非常善用诗歌等表现手法。

据说，卧病在床的这段时间里，上司先生还经常会听到优美动听的歌声。每天早上，病房对面就会传来“o sole mio、o sole mio”的歌声，歌声穿过病房逐渐消失在了远方。

> 虽然只是歌曲高潮部分的简单重复，给我们病人们带来的却是巨大的安心和喜悦。后来过了好久，陪床阿姨告诉我，这个不可思议的歌声其实是街上卖豆腐的吆喝声。

---

① 幢幡：是佛具的庄严器具之一。

也就是说，那个声音其实是：“卖——豆——腐——喽！”

上司先生的性格非常开朗。先生的回忆里表现出更多的是自己离持戒僧还差得太远。例如，他说自己跟亲鸾不一样，是个普通人。虽然，这个时候，他已经在和亲鸾有很深渊源的大学（京都龙谷大学，昭和五年毕业）里学习了。

上司先生本身并不想成为僧侣。最终当了僧侣的原因在于：第一，他出生于东大寺塔头一院；第二，过继给了当僧侣的叔叔当养子，要去上中学的时候，不得不出家为僧。既然当了僧人，就需要认人为师。但无论是历史上的，还是现实中的，都没有令他尊敬的僧人。他仰慕的，是与佛教毫无关系的俗世中人志贺直哉，无论是志贺直哉本人还是其作品，他都为之倾倒。除此之外，还有同样不是僧侣的画家须田剋太和杉本健吉，以及摄影家入江泰吉等人。这些人更像是他的同道中人。这可能是一种对少年出家的反抗情绪的延续，或者是对僧侣世界饱含深情的发泄。

按照东大寺的惯例，身为塔头的住持，上司先生的僧侣等级应该按照年功序列制不断上升。先生去世后，友人知己为他出版的《壶法师海云》中，记录了先生的“略年谱”，不难看出，住院期间（昭和三十一、三十二年）他的等级已为僧正，同时也是华严宗总本山东大寺的教学执事。

他常年在东大寺，受到的华严教养熏陶已深入骨髓，这也体现在了他住院期间所写的随笔当中。

《华严经》注重“三界唯心”，认为“绝对客观存在的事物是不存在的”，唯心是其教义的根本出发点。事物是由内心所想而存在的，不经由内心的三界是不存在的。

三界是指佛以外的世界，佛教认为人会生死轮回，以及世界由三部分组成。第一部分是欲界，包括食欲、性欲、睡眠欲等；第二部分是色界，所有的物质都在这里清净存在，虽然已经脱离了欲界，但对于“形”依然持有欲心；第三部分是无色界，这里是不存在物质的，全部为清净的精神，但是如果仔细观察的话，还是会发现一些不纯之物，这是对存在的“爱”。这种情况下的“爱”属于欲望，被划分在“恶”的范畴。晋译版《华严经·十地品》中，写道：

三界虚妄，唯一心作。

意思是：“外界即虚幻，如果认为外界存在，那是因为心理在发生作用。”但是，如果一切都被解释为心理作用的话，华严世界就无法成立了。对人的心理施加“实践”作用后，人的精神会上升到另一个更高的层次，之后便会解脱。同时，华严思想还认为，人为了求解脱的“三界”是不存在的，因为解脱方法本身是不存在的。总之，华严思想是非常复杂的。

前面已经提到，住院期间，上司先生经常处于失眠状态，而且还写到夜里很恐怖，早上很美好，早上还经常会听到那首赞美太阳的那不勒斯民谣，但歌声最终只是豆腐叫卖声。我想，对于在恐怖和喜悦两个极端中往复的病人来说，听到的一定是具有艺术性的清晨赞歌，这样的人也一定是身处《华严经》世界里的人。

上司先生的文章里还记载了，住院前在家养身子以及夜里失眠等事。

> 每天准时会在夜里一点左右醒来，接下来的两三个小时就怎么也睡不着了，有时候会一直睁眼到天明。因此，我一般都会在枕边放一些帮助入睡的读物，醒了就拿起来看一会儿，但是不知道是不是生病的原因，本来晦涩难懂的哲学宗教类书籍，反而变得好懂了起来，甚至越看越觉得有意思了，这下可好，睡意全没了，有好几回直接看到了天亮。

文中提到“不知道是不是生病的原因”，应该是“精神偏执高昂”的意思。不以解脱者自居，正是上司先生的为人。我们不妨想一下，身为华严宗教学执事，对哲学宗教不可能不了解，但是他却把自己当作普通人，在枕边放一些所谓的难懂读物。这些读物中就有铃木大拙（1870—1966）著的《华严之研究》。

这里请允许我补充一点。佛教哲学家铃木大拙和哲学家西田几多郎是同乡，也是终生挚友，对西田几多郎的“西田哲学”产生核心影响的正是铃木大拙。昭和五十九年三月，桥本峰雄在中央公论《日本名著》中的“清沢满之·铃木大拙”卷中做了如下解说：

> 作为终生挚友，铃木带给西田的巨大影响是毋庸置疑的，“绝对矛盾的自我同一”这一说法究竟是西田的独创，还是西田和铃木的共创，都没有定论。

同时，对此卷进行解说的桥本峰雄，既是哲学家，也是佛教学者（神户大学教授及法然院贯主），还是一位韬光养晦之人，此著作可以称之为最佳遗作之一。

铃木大拙不仅给佛教带来很多心得发现，同时具有很好的英文表达能力，长期致力于向国外传播佛教思想（英文著作达三十部）。对于“禅”的思想，美国人正是通过铃木大拙的著作才了解到的。铃木大拙是用英语思维来传播佛教的，这一点非常重要，让一度停滞不前的日本佛教，迈出了前进的步伐。

佛教中存在很多死语。隋唐宋期间，中国人创造的特殊用语构成了日本佛教，并一直延续至今。里面的一些用语，即使作为文章用语，也几乎已成了死语。镰仓佛教没有对其进行修改，明治时期也没有，是铃木大拙通过翻译，让日本佛教在英语世界里重新苏醒了过来，对日语著作进行翻译的时候，他会重新推敲表现手法，这也给日本佛教注入了一股新风。

上司先生在难眠之夜里读的《华严之研究》，原著就是用英语写成的，由杉平顗智翻译成日文，法藏馆在昭和三十年的时候将其出版。

毫无疑问，上司先生是华严专家，但是却从铃木大拙的《华严之研究》中收获了很大的感动，并在卷尾作诗一首，记下了当时的喜悦之情。

> 喜乐之极，
> 刹那间顿悟了，
> 忽觉一股力量涌起。

啊，这种喜悦该如何表达！

这究竟是股什么力量？

对此，在后来的记载中也有所提及。

现在想来，当时我的精神状态也已经不是太好了，但是，当时的那种感动还是历历在目，一个一个地浮现在眼前，我想，当时我应该是开悟了。

不管是不是真如作者所记载的“精神状态已经不是太好”，作为一宗的教学专家，竟然从面向外国读者的一本著作中，了解到了华严的本质，这一点本身就非常有趣。而且，还把当时的感动不加掩饰地记录在文章当中，这也正是上司先生的玲珑之处，恰似华严发祥之地古于阗国之玉。

关于华严思想，以下是我作为外行的一些拙见。华严中有“一即是多，多即是一”的理论，这也成了日本通俗哲学的一部分，理解起来是比较容易的。同时，“一花一世界，一木一浮生”的思想甚至成了日本俳句的文艺思想。把华严思想当作“酵母”，用来理解西田哲学中的“绝对矛盾的自我同一”，这样或许会好懂一些。[①]

华严思想认为，世界是圆融无碍的。地球上的生物、山水、矿物全部处于无限运动状态，而且无关大小，运动彼此关联，相互包容和被包容，相互间的作用依存于彼此，没有任何一个事物是孤立存在的。

---

① 在西田哲学发展过程中，受到华严思想的影响。因此从华严思想的角度理解西田哲学会更加容易。

华严思想中有两个术语，即“重重无尽”和“相即相入”。华严认为，从显微镜中观察到的尘埃到浩瀚茫茫宇宙，世界是重重无尽彼此相连的，而且相即相入，彼此嵌入和被嵌入，彼此交融和被交融。关于“重重无尽”，以蜡烛和镜子为例，首先烛光会照在镜子里，而镜子里的烛光又会照在别的镜子里，进而还会照在其他镜子里，诸如此类，复杂无尽地联系着。“相即相入”是指天地万物彼此掺杂、相互交融，中国华严学中把这种本质、关系、状态、运动称为“圆”，或者是“圆融”“融即”。

从印度和西域传入的佛典和佛论是片段式的、不完整的，对其中的矛盾之处进行整合，让彼此联系起来，作为一个有机的整体体系来运作，这被称为“圆”。华严宗，即圆教（体系教义）。“重重无尽”和“相即相入”的宇宙真理中心就是毗卢舍那佛，其光明普照宇宙全部之真理，东大寺的“大佛”即如此。

东大寺塔头之一的上之坊，那里的住持是平冈定海（1923—　），其所著的《东大寺辞典》中关于“毗卢舍那佛”（大佛）的解释是：

> ……象征照遍十方之太阳，其光明可带迷途之人在莲华藏世界重生。

上司先生也有类似的记载：

> 奈良大佛，即毗卢舍那佛，本是华严经教祖和华严宗本尊，铃木先生称之为伟大的光耀中心，其光明可照亮宇宙最暗之角落，如太阳，不留丝毫阴影，是伟大的光耀佛陀。

出于对僧侣的抵抗情绪，上司先生虽就读于宗教大学，选择的专业却是英文系，而且大学期间长期痴迷于打网球。可能是因为他从小在寺院里长大，对佛教中的汉文表现手法已是嫌弃至极。但是，“相即相入”这样的华严思想却已经融入了他的血液当中。

另外，铃木大拙的《华严之研究》使用的表现手法都非常简明易懂。例如，用interpenetration一词来表达“相互渗透”“相互贯通”。上司先生的感动或许来源于此。从佛教停滞的角度来看，这一点是非常有趣的。同时，在理解上司先生的特殊人格上，也具有非常大的意义。

华严理论足以经受得住科学检验，但在宗教层面却略显薄弱。比如，奈良佛教被平安佛教丢弃的历史，就是其薄弱一面的显现。另一方面，虽然平安佛教堕落成了神秘学，但东大寺却从华严这一宏大的世界观出发，长期保持着佛教的纯粹性。

7 异国人

东大寺的诞生充满了国际色彩，这在日本史上是非常罕见的。

这也许是大唐长安的国际色彩对日本的映射。中国历史上，唐代是最繁华、最具外向性的帝国，首都长安更是在服饰、兴趣爱好、食物等方方面面，无一不受到西域各国的影响。例如，在郊外骑马驰骋的贵族少女们脚蹬靴子，身上穿着的外套也和今天的服装极其相似；酒馆里是葡萄美酒夜光杯的热闹景象；街头巷尾更有来自高加索一带的胡姬们舞着翩翩的胡旋舞。

受其影响，当时的奈良也不可能是内向型的。

众所周知，东大寺是由圣武天皇发愿而建的。天平十三年（741）开始筹划，历经数年后，包括建造大佛在内的宏大构想终于形成，同时还召集了众多的造寺官和技术人员。

在众多僧侣当中，以良辨（689—773）和行基（668—749）二人为主。良辨出生于近江，行基长期在各地从事福利工作。与行基相比，良辨走的是正规的官僧之路。今天的东大寺三月堂一带，当时还是山野之地，良辨在此建起了书房，并摆放了经卷和书籍，弄得像个学校，不仅他自己在这里讲经，还会邀请其他讲师前来开讲；同时，他还会在山林中修行，据说，修得了相当深的功夫。平冈定海著的《东大寺辞典》中写道：

> 良辨与圣武天皇之关系极为深远，也是圣武天皇的护持僧。

由此可见，良辨并非山林中的隐遁者，而是直接可以和当权者说得上话的人。

已经反复说过多次，东大寺的思想是华严学。但实际上，良辨一开始并不知晓华严学，他从师傅义渊（大和高市郡人）那里继承的是传统的旧佛教，带有一定的密教性质。

良辨年轻的时候，华严学还尚未传入日本，后来由唐僧道璿（702—760）带到了日本。道璿是在天平八年（736）来到日本的，良辨应该是四十多岁，求知的好奇心尚未衰退。我想，面对华严学的到来，良辨一定兴奋不已吧。

顺便介绍一下道璿，他是许州人，俗姓卫，除华严外，还精通天台等各门宗教，性格不拘泥于一物，入奈良大安寺后，开始对华严等多种经典进行讲习。

同时，在道璿来日本前后，有一位真正的华严学者也来到了大安寺，他就是新罗僧人沈祥（生卒年不详）。关于沈祥的记载并不多。

应该说，七世纪的新罗佛教，就是华严。

生于新罗鸡林府的义湘（？—702）被认为是新罗的华严之祖。他在长安的时候，住进了有华严大学之称的长安终南山至相寺，并师从智俨。在此期间，年轻的唐僧法藏也来到了智俨门下。法藏后来被称为贤首大师，为华严三祖之一，对华严教义进行过整理，给经典添加了独特的解释，是教义的集大成者。义湘和法藏正是同门师兄弟。对此，义湘并没有加以夸饰。当义湘返回新罗的时候，对弟子们来说，这是极大的荣耀。当初，义湘还在长安的时候，唐高宗准备攻打新罗。听到传闻后，义湘迅速回国通报国王，这使得新罗能够从外交上先发制人，并最终免于国难。回国后的义湘，之所以受到了国王（文武王）的重用和尊重，不仅因为他是一位无欲无求的佛僧，还在于他是一名爱国人士。为了表示敬意，国王给义湘封赏了庄田。对此，义湘却说："《涅槃经》里认为此乃八不净之物。"对封赏之物，坚决不接受。同时，义湘还广收弟子，推广华严，被后世称为"海东华严之祖"。今天的朝鲜佛教依然带有浓重的华严佛教色彩，说明义湘的影响一直持续到了今天。

不妨这样打一个比方。对华严来说，大唐如同广阔芳丛，新罗虽为小国，却也是渊薮荟萃之地。

接下来要出场的是凝然（1240—1321），他是伊予人，兼学八宗，后为东大寺戒檀院长老，其著作《三国佛法传通缘起》对后世了解奈良时代起到了巨大的作用。

凝然把沈祥称为"新罗之学生大安沈祥大德"，由此可以得知，沈祥为新罗人。但是，沈祥何时、缘何来日本，以及卒于何时等信息却一概难以知晓，这也更增加了他的神秘感。

在振兴华严一事上，圣武天皇及光明皇后的意愿比良辨更为强烈。据《续日本纪》记载，天平十二年（740），天皇及皇后前往河内国大县郡的智识寺参拜，在那里第一次参拜到了毗卢舍那佛，甚为激动。来到日本的朝鲜豪族，大多居住在河内国，智识寺里的毗卢舍那佛正是他们供奉的华严佛。不难理解，后来应该是天皇及皇后命令良辨开始学习华严的。

当然，良辨本身对华严也是感兴趣的。但是，作为一项国家事业，创办华严学、建造大佛、创建大规模的伽蓝等，靠一僧之力绝对是无法完成的。

当时的奈良元兴寺（今天位于猿沢池南面）是一大佛教研究院，同时也是一座图书馆。

外传，元兴寺里有一位德高望重的老学者，精通华严，名叫严智（生卒年不详）。听此传闻后，良辨便前去拜访，想拜严智为师，学习华严，没想到严智却付之一笑，婉言谢绝。据说严智是一个非常幽默的人，在《圆融要义集》（著于平安初期）的“华严经讲说”中，生动地记载了严智和良辨的对话：

> 鄙人正是严智（字面意思是高贵智慧），但此乃吾名，非吾心。

意思是说：对于华严，我一无所知。如此风趣幽默的汉文，在当时并不多见。

严智接着又说：“我师从大安寺沈祥学习华严，你可以去听沈祥讲经。”于是，良辨又去了大安寺。

大安寺同样是一座巨刹，原来在大和国的其他地方，在迁都奈良的时候，作为国家的镇护官寺移建至此。负责设计施工的正是曾在长安学习三论的道慈（？—744，大和添下郡人）。据说，道慈并非建筑专家，但其敏锐的建筑直觉，经常会让现场的工人们颇为震惊、钦佩。良辨赶到大安寺后，表达了对长老道慈的敬意。但是，关于道慈对华严的评价，并没有相关记录。当时，道慈已年事渐高。这里不妨发挥一下想象力，道慈或许摸着耳垂，沉吟片刻后说："沈祥？有过此人吗？"

后来，良辨还是见到了沈祥，恳请沈祥作为自己的华严学老师，讲经之地便是良辨居住的金钟寺（现在的三月堂）。据说听讲的人当中，有很多南方的有名学者和知识分子。从天平十二年（740）八月八日开始，讲经活动一共持续了三年。这期间使用的《华严经》及其他书籍，大部分都是沈祥自己的，听讲人使用的应该是由抄经生抄写的文本。在日本，《华严经》被成体系地讲解，这还是第一次。那时，以华严思想为基本教义的东大寺，既没有大佛也没有建筑，但是其在日本佛教中的重要地位已经从沈祥讲经时开始铸就了。

按理说，沈祥的存在是非常重要的。但是，不管是在《东大寺史》中，还是在华严教学史上，沈祥的存在都非常模糊，结束为期三年的讲经以后，就再没有他的任何记载了。东大寺的开山是良辨，并没有沈祥的名字。沈祥的僧名与其他众僧侣大不相同，从这点来看，沈祥究竟是独立于奈良诸多派别、存在于权威之外的呢，还是说他的性格不适合领导别人呢？我想原因大概是后者。

沈祥的名字只在辻善之助著的《日本佛教史》中出现过一次，

甚至在《东大寺史》中也没有出现过。这本书于昭和十五年由华严宗东大寺发行。

沈祥一般被认为是新罗人，但也没有明确记载。唯独，平安时期的著作《三国佛法传通缘起》中记载到“新罗学生大安沈祥”，我想仅凭这一点并不能证明他是新罗人。对此，堀池春峰在《南都佛教史研究》（法藏馆出版）中做了详细的论证，“新罗学生”是指“派往新罗的留学生”，并指出《开心论》里曾记载过：“青丘（注：朝鲜的美称）留学华严沈祥大德。”如果真是这样的话，那么很遗憾（这样说有点奇怪），沈祥应该是日本人。

沈祥最早开启了东大寺的华严学，无论他是哪国人，都不可否定他是懂新罗华严学之人。至少，当时沈祥居住的大安寺，是一个充满国际色彩的地方。除了沈祥，同一时期还有唐僧道璿和印度僧侣，还有一部分是先去临邑国（今天是越南的一部分，印度称之为champa）务工，后来转做僧侣的印度人。如果按照今天的概念来理解的话，大安寺就是一所国立大学，其中聘请了很多外国教授。

上面提到的印度僧侣中，有一位名叫“菩提仙那”（？—760），下面简称“Senna”。Senna 出生于南印度（也有中印度之说）的一个婆罗门家庭，婆罗门是印度种姓制度中的最高阶级。后世的奈良人称其为“婆罗门僧正”，这并不是“婆罗门教徒”的意思，Senna 是佛教徒。传说，肉身文殊菩萨出现在唐五台山大华严寺的时候，他已在去往大唐的途中了。当时，印度佛教已经衰落，中国佛教逐渐开始兴盛。中国佛教与诞生于印度的佛教并不相同，是途经中亚国家后诞生的大乘佛教，Senna 虽然是印度人，却非常憧憬唐佛教。我不禁会想，Senna 应该就是所谓的“佛赐之子”吧。

顺便提一下，伎乐（假面戏）作为奈良当时的佛乐会，经常会演出。今天的正仓院（明治时期以前一直是东大寺的宝物库）里收藏了很多当时的假面，其中婆罗门假面的鼻子宛如天狗一般长，在假面戏里象征善人。我想 Senna 应该就是这样的善人。

Senna 在去大唐的途中，在中南半岛遭遇海难，被一位林邑国人相救，这位林邑国人就是佛哲，记载中他的名字全部以汉字出现，这里为了烘托气氛，我们暂且称之为“Futte”。

Futte 出生于印度，为了采珍珠，来到了林邑国。后来，出于对 Senna 的仰慕，放弃采珍珠的职业，随 Senna 一起入唐，又同往五台山大华严寺。到了五台山的时候，Futte 到处打听“肉身文殊菩萨在哪儿”，被问到的当地僧侣，都非常困惑。据记载，有天晚上，他的梦里突现一人，说：“文殊菩萨早不在这里了，去日本了。”于是，Senna 和 Futte 决定前往日本。

当时，日本每隔几年会派出遣唐使船。以多治比广成（？—739）为大使的遣唐使节团当时正在唐朝，他们于天平五年（733）入唐，在去往唐朝的途中，遭遇海难，损失了船只，正在为无法返回日本而苦恼。后来，在阿倍仲麻吕的斡旋下，终于可以搭乘渤海国的船只回国了，同船的人当中就有唐僧道璿。Senna 和 Futte 听说后，便去恳请搭乘此船，据说多治比广成欣然同意。

这艘船走的是沿渤海湾航线，需要先南下。当船只抵达难波津的时候，奈良派遣了乐人前来奏乐欢迎。在夹道欢迎的人群当中，就有行基。

行基出生于河内国（后和泉国）大岛郡的高志氏家族。高志氏是当地有名的土地豪族，属从百济来到日本的氏族。行基很早就出家了，一开始作为正规僧侣进入了官寺，后来丢弃官寺待遇，开始云游民间，作为民间宗教人士游走四方，救济贫民，修建农用水池，被民众尊称为“菩萨”。像行基这样，以佛教徒之身，投身于民间事业的，应该是前无古人，后无来者的。

在圣武天皇兴建东大寺的时候，除选用良辨这样的正规僧之外，还选用了行基这样的民间僧，原因就在于其背后强大的民众支持。《东大寺要录》是汇总东大寺相关古记录的一本书，著于1106年，现存的袋草子本是1485年抄写的，一般被称为“国宝本”。昭和十九年，东大寺的筒井英俊以国宝本为蓝本，对《东大寺要录》进行了修订，最近其子筒井宽秀影印了几本。当时，宽秀先生还赠予我一本。

书中，关于Senna的古记录一共有三处。其中《日本往生记》记载，Senna等人在抵达日本之前，消息已经在奈良传开，行基曾上奏圣武天皇，说：“我是无法胜任大法会讲师一职的，幸亏有一圣者正在从外国前来的途中。”于是，行基受命前往难波津迎接Senna一行的到来。一起前往迎接的共有九十九人，不仅包括治部、玄蕃等官府之人，还包括雅乐乐团等。可以想象，当时码头是何等的热闹。当船只靠近码头的时候，有记载：

> 于滨头，奏音乐，相待之。

那个时代，欢迎归国人士和新至宾客的时候，竟会举办如此盛大的欢迎仪式。据《大安寺菩提（注：Senna）传来记》中记载，行基先在舟上焚香饰花，当划舟经过船只的时候，与Senna在码头碰面，于是两人“相见而笑”（《日本往生记》）。当时的生动画面不禁跃然纸上，两人“相见而笑”之后，行基即兴吟诵和歌，Senna也随即来附。那时，Senna或许突然发现行基不正是自己苦苦寻找的肉身文殊菩萨吗？

后来，两人来到了离难波津不远处的行基私寺菅原寺（行基老家旧址），并在此设宴。宴席上，Futte一边演奏印度音乐，一边起舞，令众人倾倒。可以说，Futte正是日本音乐舞蹈的鼻祖。后来，Futte更是施展天赋，把Senna从佛典中收集的诗句谱成了曲，其中大部分一直保存至今。

当时的舞乐（雅乐）当中，外来乐包括：唐乐、高丽乐、百济乐、新罗乐、度罗乐（注：济州岛乐）、林邑乐等，林邑乐正是Futte带入日本的。林邑乐共有八种，其中万秋乐是为供养大佛开眼特意新作的。这些舞乐被东大寺世代保存，明治时期以后转至了宫内厅。

大佛开眼仪式于天平胜宝四年（752）四月九日举行，当时盛况空前。Senna——婆罗门僧正菩提仙那被选任为开眼法师。这也是广为人知的。

8 杂司町

和须田大画家一起来奈良，这次是第二次了。

第一次是 1981 年 5 月，已经过去三年了。

这次想跳出奈良老街，稍微走远一点。我俩毫无目的地信步走向奈良周边，去了岩船寺街道，又顺着柳生街道去了柳生一带，但也没看到一些想提笔写的东西。虽然这次给自己定了规定要走出老街，但在回老街的途中，从柳生翻过几个山头后，开始慢慢地能看到大佛殿屋顶的时候，不禁顿生心安。记得，我对画家说：“看来还是老街好啊，还有就是东大寺。”

须田先生抬头，放眼望去，说：“我还是喜欢奈良时代。”

这里的“奈良时代”并不是历史年代意义上的那个“奈良时代”，而是他对自己年谱的自定义划分。

之前应该提过好几回，须田先生的出生地是武州的熊谷、吹上一带。

我一直觉得，一个画家在哪里学画，直接决定了他的作画风格。我们的须田大画家去的既不是东京也不是巴黎，而是当地县政府的所在地浦和，在那里的一个空置工厂里生活，当然也没法把妻子一起带过去，饭都是自己亲手做的。须田先生把浦和的这段生活命名为“浦和时代”。他曾跟我讲，在浦和时代，他竟然不知道内衣是要洗的，一直不换洗，经常会穿个一两年。

“浦和时代大概持续了多久？”我曾问过须田先生。我估计最长也就三四年，但听到回答是“十九年”，让我大为吃惊。当时还很年轻的须田，竟然在浦和的一个废旧工厂的一个角落里生活了十九年。这十九年时间究竟是如何度过的？据说，须田先生每个月会收到母亲寄来的三十日元，这是父亲去世后国家给的抚恤金，自己就一个劲儿地在那儿画画。同时，为了克服自己胆小懦弱的性格，他也曾在工厂一带的草丛里四处狂奔，去抓别人都很害怕的青蛇，抓来的青蛇或烤或煮都会吃掉，因为他觉得抓蛇吃蛇会让自己变强大。后来须田母亲不知道从哪儿听说后，赶忙赶去浦和，告诉儿子“蛇是不能吃的”，以后他就没再吃蛇了。

年轻时期的须田先生，机缘巧合有幸获得参加隶属官展[①]的资格，作品参展后，很快就被选为优秀作品。当地一个有钱人看好他，打算送他去巴黎留学，没想到须田却拒绝了，因为他觉得自己不适合巴黎。

“我想去妙义山。”须田拜托这个富人送自己去了妙义山。

---

① 隶属官展：政府主办的展览会。

对须田来说，巴黎和妙义山处于同等地位。到妙义山之后，他住在山里的神社，开始以风化了的岩石为题材作画。妙义山的这段岁月，给须田的绘画生涯带去多大的影响，我不得而知，须田先生本人也没有提过“妙义时代”一词，我想应该是比较暗淡的一段岁月。

四十岁前后，他终于离开了浦和。日本当时正处于太平洋战争时期，对须田来说，如果没有什么正儿八经的工作的话，很容易成为征兵或政府征调的对象。很幸运的是，当时一家军用物资公司的老板决定雇他做秘书，当然，秘书一职只是个幌子，实际上去的是京都八濑的公司宿舍，具体工作是给池塘里的鲤鱼喂食。正是由于这份“工作”，他来到了京都，后来在昭和十七年的时候又去了奈良。

“我不喜欢战争。”这是须田先生经常说起的。当然，那场战争就在他给鲤鱼喂食的过程中结束了。

日本战败后，军用物资公司倒闭，须田也“失业”了。于是，须田从京都来到了奈良，住进了新药师寺。当时的新药师寺非常简陋，被用作穷画家们的寄宿之处。须田先生官展时代的最后一部杰作《十二神将》就是在这个时期，即“奈良时代”完成的。

有一天，须田先生正在东大寺的院落里写生。

顺便说一下，须田先生是不会支起画架作画的，无论在画室还是在户外都是弓着背，用左胳膊托着画布来画，有点像野猪刨白薯地的样子。他一般都会画到傍晚。某一天的薄暮时分，正在画南大门的须田画到头部充血满脸通红，走在院子里的上司海云先生看到这一幕后，大为吃惊，吩咐门卫说：“闭门之后，对那个人要网开一面，不要驱赶。”后来，上司先生将须田招呼进观音院，并以茶相待。两人虽是同龄人，关系却如同父子，在整个“奈良时代”里，一直关照须田的正是上司海云先生。

那个时候，我也曾拜访过观音院。在写此文的时候，记不起具体是昭和哪年的事儿了，后来偶然在翻看《东大寺史》(昭和十五年·平冈明海编·华严宗东大寺发行）的时候，突然看到书背面写着“昭和二十五年十月·东大寺上司海云师馈赠”，正是自己二十几岁的字迹。原来，我是在昭和二十五年十月去拜访的观音院，上司先生面对初次见面的年轻人，竟然赠予了当时（现在也同样）非常不好买到的一本书。

昭和二十五年正是须田先生“奈良时代”里最辉煌的时期。上司先生给这位跟自己年纪相仿、又有点未经世事的四十多岁的男人起了个“善财童子”的外号，允许他在东大寺里随心所欲地生活。寺院里的漆黑色、古堂里漏出的灯火色、树林里的翠绿色，这些都曾浸染过须田。我想，他也曾长时间凝视过天平时期的诸多佛像，也曾听过行走在二月堂里的僧侣的木屐声，倾听过一千多年前的那些声音。与昭和十九年的“浦和时代”相比，须田先生的绘画生涯应该是在“奈良时代”建立起来的。

前面已经提到，三年前我也曾在奈良度过几天空虚的日子。

当时故意没有走进东大寺，而是选择了周边一带。比如，去了专门为去世的东大寺僧侣举办葬礼的寺庙，这所寺庙就坐落在离东大寺比较远的一条商业街区。

在这里需要补充一点。佛教并没有举办葬礼的习俗。在拘尸那揭罗涅槃的释迦牟尼也没有举办过葬礼，当时是按照印度的火葬习惯，用新布和新棉将遗体包裹，然后把遗体放入装满油的铁槽里，点火焚烧了。

在佛教传入日本之前，日本人是惧怕死者和亡灵的，认为死和血是污秽之物。在佛教传入日本之后，虽然佛教解释“死者不过是五蕴逝去之后的物质”，但日本人惧怕死者的固有心理并没能破除。与此同时，佛教开始与当地风俗进行折中调和，开始被用来镇压亡灵，佛教僧侣超度死者的做法就是从这个时候开始的。

然而，在东大寺建成的奈良时代，佛教是只给生者用的，并且这一思想一直延续至今，因此东大寺里是不举办葬礼的。即便是给东大寺捐赠很多的财主，他们的葬礼也不允许在这里举办。东大寺里住持以下的僧侣以及塔头里的僧侣去世之后，同样不会在这里主持法事。

东大寺的僧侣们去世后，会交给闹市区里的寺庙住持来操办葬礼，空海寺就是专门办理后事的一所寺院。

“要不过去看看？”我开始怂恿须田先生。

看了一下地图，沿着广阔的东大寺院落直线向北走，这座寺庙就坐落在不远处的山脚下，真是名副其实的“北邙之地”。北邙是洛阳北面的一座山，后汉、魏、晋、唐时期，洛阳是这些朝代的首都或陪都，王侯将相的陵墓都在北邙山上。

经过喧嚣的手贝町后，来到的是安静的住宅区杂司町，再往东走，走到尽头处时，有一个小小的山门，山门旁立着一块町石风格的石碑，上面刻着“弘法大师巡锡灵地”几个大字。（这里是“圣”居住过的地方吗？）

“圣”指的是非官僧的僧人，在日本中世时期，尤其是室町时代，他们在民间形成了巨大的宗教势力，这些“圣”当中，有一部分是供奉弘法大师的，还有一部分是提倡念佛的。这些僧人会到各地，劝说人们把骨灰安放到高野山，也有一些人就直接定居在了京都鸟边山等地的公共墓地，并在此承办葬礼。后来，高野圣和念佛圣开始自己拥有寺院和本山，在他们向既成宗教团体演化的过程当中，渐渐地形成了由寺院和僧侣操办葬礼的风俗。

中世时期，东大寺周围也住了很多“圣”，“圣”住的地方被称为“别所”，这在我写高野山的一篇文章里也提到过。

受源平之乱的波及，东大寺在1180年的时候被平重衡势力放了一把火，包括大佛和殿舍均被烧毁。

东大寺的重建工程远远超出了东大寺官僧的能力，当时深受公家、武家及民间信赖的“圣”之一俊乘房重源（1121—1206）被寄予厚望。重源出生于武家，是密教和念佛双重行者，据说曾三度入宋，并在当地的阿育王山亲自建了舍利殿。六十岁的时候，他被宫廷任命造东大寺劝进职，后来一直致力于东大寺的重建工作，并为此鞠躬尽瘁。我们在研究日本史的时候，对中世时期的“圣”必须从功和过两个方面来看待。

关于空海寺，《东大寺辞典》中解释为：

> 东大寺的菩提寺，近代东大寺的诸多别当均葬于此。原因在于东大寺院落里严禁建墓地，现在的塔头住持及其家属的墓地仍然在空海寺里（下文省略）。

这所寺庙的由来并不确切，其历史应该追溯不到江户时期以前，因为江户以前的东大寺的僧侣墓地叫“伴寺”。据说，重源之墓是一座古风样式的五轮塔，也在那里，我没有去过。

空海寺坐落在丘陵斜坡上，看起来特别像别所。

跨过山门，在通往本堂的两侧排满了墓碑，从本堂一侧登上石阶后，可以看到一片被竹林围着的草坪斜坡面，晃晃的阳光正照着这里。生前不管是东大寺有名的还是没名的僧侣们以及他们的家眷，墓地都聚集于此。

回归华严虚空的上司先生，也按照日本的民俗信仰，在这里拥有一块自己的墓碑，按照世间的习俗，长眠于此。我们看到的也可能只是一个表象。须田先生向五轮塔小跑了过去，摆放了一些野花。

这一天到处是一片新绿，山上的泡桐花开得非常鲜艳，紫藤还没到时节，天气暖和宜人。

后来，我们就走出了空海寺。附近有很多宅第，非常符合杂司町这个名字。

“堀池君的家就在这附近。”须田先生突然说。

只见一幢貌似江户时期的高级古式武家宅第，估计至少也有两百年的历史了。

东大寺里现在依然有很多学者，但作为一般世俗之人，堀池家竟然持续在东大寺里任职千年以上，堀池家现在的家主堀池春峰（生于大正七年）先生的名著《南部佛教史研究》（上下册·法藏馆出版）更是被世人熟知。须田先生说：“东大寺的事就没有堀池君不知道的。”据说，堀池家是为数不多的在东大寺草创期跟随权别当实忠

（生卒年不详）来到东大寺的在俗家系，从天平时期一直延续至今，而且一直延续一个职务，这样的家族包括天皇家和出云大社的千家家在内，全日本也就只有寥寥数家。

堀池家的这一职务世世代代都被称为“小纲”，现在依然叫“小纲”，这个职务现在只存在于东大寺，字典里也查不到。我想，这应该是与“僧纲”一职相对应的一个称谓。“僧纲”是从奈良时代到江户时代存在的一个官职名称，指管理官僧的僧人及职务。小纲则是指管理从事寺院事务的俗人的职务，堀池家则是从天平时期一直负责会计事务，明治时期以后，只负责取水仪式（修二会）的庶务和会计工作。

东大寺里的小纲分“行事小纲”和“会计小纲”两个部门，堀池家属于后者，还有一家是稻垣家，同样延续至今。天皇家和千家家这两个家族都与权力中心有着千丝万缕的关系，单纯作为一介会计官吏，从天平时期一直延续至今的家族，我想在日本有且仅有堀池家和稻垣家两个家族吧。

“我打个电话吧。”听须田先生这么一说，我赶紧把他拦住。

堀池春峰先生同时也是私立奈良大学的教授，我从先生的著作中获益良多，而且先生还是长我五岁的前辈，先生也并不认识我，贸然邀请先生一起用餐，实在是有点说不过去。我把这些都解释给了须田先生，但他不听我的。

“说马上过来。”

结果，他还是把正在家里休息的堀池春峰先生约到了荒池边上的一家叫“菊水”的餐厅。

“怎么样，来了吧？”须田先生向我私语。

细细想来，在堀池春峰先生还年轻的时候，便与当时还在上司海云身边的须田先生结下了友情。对我来说，除了堀池先生的著作，堀池家的悠久历史也是我所感兴趣的。通过堀池家，我们可以感受到东大寺宏大的时间延续。

“听说您家族从实忠和尚那会儿就开始了。”我说。

“那都是传说罢了。”堀池先生的这种回答是学者的一种谦虚表述方式。换句话说，堀池家家系及其职务的延续由于太过古老，很可能就是某个时期人们编的传说。

“当主[①]必须是僧人吗？”

“需要得度[②]，但没有寺院，应该就是一种优婆塞（在家奉佛的信徒）吧。”

我是不能完全理解这种非僧非俗的做法的。

上文中对筒井顺庆也稍有提及。筒井是室町时期兴福寺里的坊人（管理寺院事务的俗人），负责管理寺院领地。这一点与“小纲”堀池家是相同的，但筒井位属僧兵之首，因此他也曾得度。但是，又不能完全认为他就是僧，因此从身份等级来讲，位居兴福寺僧侣之下。同时，筒井以坊人身份，拿下了兴福寺领地，一举成了战国大名。因为是大名，所以从俗权来讲的话，其身份又在兴福寺僧侣之上。按照现在的说法来讲，既不是大学教授，也不是事务局职员，但却是事务局局长。

---

① 当主：即家主。

② 得度：即剃度。

“堀池家和筒井顺庆的筒井家是相同处境吗？”

我觉得答案是肯定的，但先生却并没有直接回答我，而是把话题转到了“筒井顺庆”这个名字上。

“顺庆的母亲是从我们家嫁过去的。”

“是室町晚期时候的事情吧？”

“是的。”

“堀池人太老实了。”突然须田先生从旁边插了一嘴，一边望着活像木雕地藏菩萨的堀池先生，一边把话题拉回到上司海云先生。

9 修二会

众所周知，东大寺的取水仪式（修二会）在天平时代就已开始举办，举办地是寺里的二月堂。以前是阴历二月，现在是阳历三月，举办时间从三月一日一直要持续到十四日。不管是阴历二月还是阳历三月，都还是寒冷时节，堂里堂外犹如被冻住一般。法事是彻夜举办的，一直持续到拂晓时分。

昭和二十五年三月的时候，我和自己所在的京都记者俱乐部成员一起去参观了此法事。当时，负责照顾我们的人与摄影家入江泰吉先生相识，法事结束以后，我们一直在入江先生家里休息到了天亮，当天的法事是在凌晨三点左右结束的。打那以后，入江先生和我们每个人都熟了起来，但现在想来，当时实在是给入江先生添了太多的麻烦。当时的日本还都处于第二次世界大战战败的阴影里，奈良虽然也有旅馆，但一般人都不会去住，从地方到东京或京都观光游览的人，一般也都是住在亲戚朋友家里。

第二天早上，沿着登大路，在去往近铁奈良站的途中，一行人当中最年长的R说："大和尚也挺无聊的，一千多年一直做同一件事。"听到后，我是比较吃惊的。当时的我一直觉得年长的人有一种神秘感，他们不仅见过很多自己没见过的世界，而且跟浅薄的自己相比，他们看问题会看得更深。

同行的R是个善良无私的人，作为一名报社记者，积极支持新绘画运动，为年轻画家摇旗呐喊。当时，从战败的巨大冲击中最先站起来的一批年轻画家，对国外的动向异常的敏感。"再见吧，旧外套！"这样的流行歌词（出自歌曲《青山》）在街头巷尾传唱，画家们只要有时间聚在一起，就会对新事物进行激烈的争论。例如，当时隶属于官展、以擅长具象画著称的大画家须田剋太，也曾被抽象画理论家（同时也是画家）长谷川三郎这样训斥过："须田君，你的画虽然几次都被官展选为特选作品，很了不起，但官展的画根本就不是画呀。"后来，须田剋太也相继投入到抽象画当中。战后的抽象画运动中，须田剋太的一部分作品虽然很棒，但对不喜欢抽象画的人来说，更像是一种精力的浪费。

昭和二十年代到三十年代初期，这个时期的抽象画画家的气势确实非同小可。明治时期，胜海舟曾对幕府晚期的人物进行过评价，他指出："对老旧势力来说，乘势而为的人看起来会非常高大。"胜海舟身处时代大变革期，又干出了一番大事，他对乘势而为的魔力可以说是了如指掌的。

当年轻画家就新造型论进行激烈争论的时候，R前辈也曾置身于此，也曾为突击散兵做过掩护射击，或许正是因为他的这些经历，才对彻夜举办的二月堂法事感到愚蠢荒唐吧。在长达千年的岁月长河中，修二会未曾停办过一次，也未曾变更过一次，如同平版印刷机，不断重复着相同的动作，而且动作无须浑浊之水被澄清之势，需要的是气魄和敬畏之热情。这并非百年如一日，而是在千年如一日的岁月中延续至今。

“R先生，这是没办法的事儿，他们一直都是这么做的。”我说。

明治初期，兴福寺的僧侣们集体丢弃兴福寺，明治政府废佛毁释的时候，他们在二月堂里照常举办法事；战国乱世、应仁之乱、镰仓幕府建立时期，法事一如既往地照办。无论什么样的动荡时期，深夜里二月堂狭窄的地板上依然有木屐在跑动，有人在跳板上五体投地，还有人在堂内不断地激烈旋转火把，让火星四溅。

“一直这么做，是没有意义的，重要的是，现在开始怎么做。”R前辈说。

虽然变化乃世间常事，但是如果有一个千年不变的事情，或者说必须得有一个千年不变的事情，才会让世间不至于失去重心，才可以让人们避免无缘无故地陷入不安之中。

“高山大海不也是一成不变嘛。”

“你倒是挺……”前辈笑了笑。

他应该是想说我保守的。其实我并不是带着保守的态度说的，人们之所以有时候想去看山看海，是因为这些不变的事物会让人们获得一份心安，不仅限于大自然，像修二会这样的法事，之所以能够延续至今，也是因为它让人们每一年都切实感受到“这个世间确实有东西是不变的”，给人们带去一种安心感。

“只是一味追求新奇的样式，难道会带来什么吗？”虽然我很想这么回答，但出于客气还是选择了沉默。

接下来，我想就这个千年不变的法事“修二会”与读者们探讨一下。

“修二会”这个词的意思是比较难理解的。古时候“修”发“Shu”的音，“二”毫无疑问是“二月”的简称，也就是“修二月”的意思。“修”的宗教意思是“完善，装饰，修整”，均为精神层面的动作。那么“修二会”就可以理解为“让二月变美”。事实上，从平安初期开始，很多寺庙都会举办“让正月变美”的法事，即“修正会”。“修二会”和“修正会”的意思是相似的。中村元著的《佛教用语大辞典》中，对“修二会”的解释是：

> 印度的年初相当于中国和日本的二月，一月举办的修正会是中国对印度的模仿。

因此，可以认为二月举办按照的是印度历法。同时，如果从修二会开始举办的时间来考虑的话，和婆罗门僧正菩提仙那来到奈良是不无关系的。

东大寺的修二会由于太过独特，词语本身的解释已无太大意义。

首先必须要介绍的是，开创修二会的人物实忠和尚。实忠生活在天平年间，八十五岁的时候留下了类似自传的简单记录（《东大寺要录》中的《实忠二十九条事》），但并没有对出生地和生卒年月进行记录。

实忠是个实干家，且能力出众。因圣武天皇发愿，实忠的师傅良辨被任命修建东大寺，后担任了东大寺的第一代别当（长官）。事实上，即使是在大佛开眼（752）结束之后，东大寺在寺院建设以及财政经营等方面还有很多工作要做。良辨从众多弟子当中任命实忠为目代（事务长官），后又升他为权别当（副长官）。如果没有实忠的话，我想今天的东大寺或许规模会大幅缩小，寺院本身也许会变得空洞起来。良辨的一个伟大之处，就在于发现了实忠的才能，并把事务全权交给实忠打理。

很难把实忠称为“学僧”（虽然晚年时候当了东大寺学头），应该说，他就是一个实干家。由于太过喜欢干实务，他甚至不会感受到年龄的增长及身体的衰弱。当时，官僚即使非常在意自己的官位，却也没有为工作赴汤蹈火的意识，反而是僧侣当中有一部分这样的人，或者说，僧侣反而可以更自由地做事。

760年，实忠被任命为目代。《实忠二十九条事》中记载，他于弘仁六年（815）四月二十五日迎来了九十岁生日，也就是说，五十多年的时间里，他一直奔走于各项实务。一开始他负责建造寺院，并担任三纲（僧俗总管及财务、庶务总览），从僧俗组织到经济财政方面，对寺院进行改善，最后在担任学头的时期，更是对华严学的研究体系进行了完善。

实忠并没有担任最高职位别当一职。一是他的性格决定的，二是别当的象征性要高于实务性，如果担任别当的话，就不可能再像以前一样前往各处从事实务了。

在寺院扩建中出现了瓦不够的情况，实忠就当起了东大寺造瓦别当，去大和国和山城国的山里为瓦找土，最后在山城国相乐郡的山里发现了好土，并烧制了十九万片瓦。

当得知建成的大佛殿的结构强度不足、需要加设副柱时，为了确保木材质量，他亲自去了近江新乐的山里，亲自砍伐木材。

还比如，在大佛开眼的时候，僧侣们突然发现佛像背后没有光圈。令人意想不到的是，建成的大佛殿并没有计算大佛光圈的高度，大佛本身已到了天花板高度。没想到，实忠竟然把天花板本身提升了一丈高。面对如此大的建筑物，这样的工程想必并不简单。

难道说实忠是山林行者吗?

二月堂是东大寺法事的主要举办地，二月堂的创建者正是实忠。实忠曾对人说："六十年来，我每年都会在二月堂里做十四天的六时法事。"这正是修二会法事。最初，修二会并非东大寺作为官寺的正式法事，而是实忠做的私人法事，参加法事的僧俗都是实忠培养大的。

实忠培养大的这些僧俗们都从师傅那里听说过一件奇怪之事。据说，天平胜宝三年（751）辛卯十月的一天，年轻的实忠正在离奈良不远的笠置山（京都府相乐郡笠置町）上修行，突然发现了一个洞穴，并走了进去。进入洞穴后，往北走了大概一里地，他隐约感到自己来到了一个光的世界。实忠从已有的知识判断，那里应该就是兜率天的内院。这个世界共有四十九院，他先到的是紫金光回旋的摩尼宝殿，当到达常念观音院的时候，圣众们已经聚集在此，他们正在做悔过法事。悔过法事就是在佛面前忏悔罪过的仪式。法事在进行的过程中，中央出现了观世音菩萨真身，实忠大为吃惊。于是，实忠向一圣说："我非常想把此法事带回到下界。"然而，圣众却说:

“那是不行的，人间世界的时间太过短暂了。兜率天里的一天相当于人间四百年，如果要在人间做此法事的话，至少需要几百年时间，人间的时间是远远不够的。法事期间观世音菩萨真身如果不出现的话，此法事就没有任何意义，你还是放弃为好。”然而，实忠的脑子转得非常快，回答说：“这里的法事动作是非常慢的，虽说是千遍，如果在下界跑着做的话完全可以完成。下界之人虽不及圣众，但可贵的是他们都具有诚心，如果诚心已尽的话，观音菩萨肯定会现身。”

正是因为有了上面的经历，实忠在回到东大寺的时候，开始在二月堂里做起了修二悔过法事。据《实忠二十九条事》记载，实忠开始做此法事的时间是天平胜宝四年（752），也就是大佛开眼之年。这一年发生的主要事件有：正月发布了遣新罗使的使节名单；三月，唐粟特族人安禄山作为节度使讨伐契丹，同时在首都长安，杨贵妃家族里的杨国忠当上了宰相；四月，日本遣唐使大伴古麻吕和吉备真备从难波津出发，大伴古麻吕是一位刚直的外交官，吉备真备更是一位才能杰出的官员，两年后，他们带着高僧鉴真和尚一起回到日本。可以说，无论日本还是唐王朝，无论善恶，历史上的众多知名人物都在这个时期集体登上了历史舞台。

参加修二会的僧侣（练行众）一共十一人，名单和每人担当的具体工作会在上一年的十二月十六日发布，结愿日是三月十五日早晨，僧人们会把四百年的法事压缩在一天内完成。可想而知，寺里应该是非常忙的。

参加法事的僧侣们并不会得到金钱报酬，和其他寺院的法事不同，所谓的参观费、入堂费分文不收。这里顺便补充一句，只有进入大佛殿和三月堂的时候，会收取一定的费用，东大寺院落内的其他殿舍都是免费参观的。

也许其他寺院会说，东大寺里有大佛，东大寺不缺钱。的确如此，东大寺把收入用在了东大寺学园（初中和高中）的经营以及东大寺图书馆的开支上。可以说，与其他利欲熏心的寺院相比，东大寺的僧侣们还是比较好地把东大寺的传统继承了下来。难怪，我总觉得东大寺僧侣们的面相远远好于其他一般僧侣。

“那不也是多亏了大佛吗？”也许还会有人这么说，但我想说的是，人的面相是不会因为多亏了什么而变好看的，而是因为天平时期以来的传统一直延续至今，是因为这一传统一直紧紧地扎根于千百年来反复不绝的修二会法事里。

人类生活是由文明和文化两部分叠加形成的。文明是普遍的、方便的、合理的；文化是由文明来佐证的，不管在哪个国家或是哪个集团里，文化都是不合理的存在，或者说，正是因为不合理才可以称之为文化。同时，承受得住不合理，才会发出不同于其他的光芒。在战败的第六个年头，在奈良登大路去往车站的途中，那时的我还没有认识到这些。

10 东大寺茶花

前面的文章里已经提到，文化是不合理之存在，这里我们暂且把文化定义为“使集体特色化的历史神圣习惯”吧。

按此定义，修二会（取水仪式）象征着的正是东大寺的文化。

前面也已经提到过，我们是在三月一日拜访的东大寺，正是那一年修二会的头一天。一走进寺院院落，大画家须田就如鱼得水般信步走了起来。走进一片林子，没看到什么人影，倒是有一条红狗，看到我们后马上就向大汤屋方向跑去了。确实，二月堂附近有时候能看到狗，但还没见过鹿。据说，鹿本来（历史上）是兴福寺·春日大社的动物，因此一般到东大寺南大门的时候就停下了，院落里是不会进去的。

接下来补充一下，就在这篇文章连载期间，我收到一封来自奈良法莲町的内田穰吉先生寄来的信，信中指出：“南大门到中门之间的这个区域里，每天也会有很多鹿跑来。”信中又说：“除此之外，还有一群鹿是把大佛殿西侧到正仓院这一带当作自己的地盘，经常在大佛池里戏水。”据说，还有一群鹿是把钟楼到二月堂、三月堂这片区域当作自己的地盘。幸亏被指正，这些我都没亲眼见过。

接下来继续回到大佛殿东侧一带。这片区域像海底一般安静，走到二月堂一带的时候，才慢慢地开始听到一些声音，在指定区域里停着几辆外部车辆，其中几辆好像是电视台的直播车，被称为“童子”和“仲间”的寺院人员正在忙碌地工作着。

另外，编辑部的藤谷宏树非常年轻，他已经从二月堂石阶上走到了内殿附近，后来回来苦笑着说：“刚才挨训了。”我说：“因为您不是和尚的缘故吧。”这里我可以非常负责任地讲，从古至今，东大寺都没有对外来人员大声训斥的习惯。

“是那个人。”藤谷指着说。

那个人的样子看起来就像一个要去爬雪山的登山者，肩上挂着一台照相机，扛着铝制三脚架，有一种吃住在人家里、为人拍照的那种老摄影师的感觉。

“那不就是奈良酒店的南先生吗？”我忍不住笑喷了，因为我们就住在奈良酒店，酒店里的南先生殷勤有礼，没想到换上便服之后，马上就变身为奈良守护志士了。在修二会这样的大法会期间，他又变身为志愿僧兵，更是铆足了劲儿，对不守规矩的外来人员加以规劝。

“难道是因为我的衣服不合适吗？”藤谷指着自己的衣服说。其实不仅是穿着，包括他的表情、样子，有时候都非常像痴迷于数学的理科生。但事实上，他的年龄已是三十五岁上下，作为出版社记者，已经工作十几年了。

“这是东大寺的特色。”我尽量安慰他。

“正因为是东大寺，才会出现像南先生这样主动请缨的外护者呢。”

像须田剋太先生、入江泰吉先生，他们同样是东大寺的外护者。同时，很多奈良人以及奈良女子大学的教授和学生也都是东大寺的外护者，他们都希望东大寺的风貌能够永远保持下去。这些外护者深知，东大寺的宗风是平和的、不好战的、不强加于人的、不做宣传的、不以营利为目的的，于是每个人都自觉地扮起了勇敢的外护者。不仅是这一年，我第一次来的时候，也遇到过类似情况。

三月一日开始的法事，在十二日的时候迎来高潮。这一天，练行众们会在狭窄的内殿里，一边摇摆着大火把，一边起舞，进行达陀法事，结束的时候已是凌晨两点以后了。法事结束后，练行众们会一起跑下内殿，回到住处，之后殿里就不再有人了。

据说，实忠和尚生活的天平时期，法事结束后，天狗们会聚在一起，模仿达陀法事。那个时候的天狗，跟现在添加了很多人类想象的天狗并不相同。现在，人们心中的天狗形象一般是红脸、高鼻、身着僧服的样子。天平时期，天狗还没有一个固定的形象。当时认为，天狗是住在山里的山神，具有超能力，由于不懂解脱，它的灵魂总是处于浮游状态。当时实忠觉得，天狗在内殿玩火非常危险，为了哄骗天狗，便告诉它们“法事还没有结束，临时去厕所解手去了”。因此，法事结束后，练行众们都是一边跑一边喊着“手水、手水、手水”。平安时期，就把厕所称为“手水”了，天平时期应该是延续了平安时期的习惯。我小的时候，还有不少人这么叫的呢。“手水”

应该是俗语中寿命很长的一个词。

进入二月堂后，左手边有一段石阶，练行众们就是沿着这里，一口气跑下来的。每位僧侣手里都会拖着一根青竹杖，一边回荡着如同下冰雹般的急促声音，一边还有“手水、手水、手水”的叫喊声。场面应该像勇士退场般壮观吧。

我上次拜访东大寺的时候，正是社会萧条时期，虽说是修二会，也只有香会中一些虔诚的老人会走进堂内，隔着格子门参拜法事。除此之外，还有包括我们几个在内的、一共十几个凑热闹的。听到“手水”的声音后，为了能看练行众一眼，大家很快地都跑到了堂内的石阶下面，其中四五个人拿着照相机，还装上了闪光灯。那个年代，能有这么一套装备，算是很奢侈的了，我们几个人当中没有一个有照相机的。

“那个人就是入江泰吉先生。”一个朋友小声跟我说。

当时，入江泰吉先生以拍摄奈良闻名于世，但见到本人还是头一次。前面已经提到，我们几个凌晨休息的地方正是入江先生家里。

那之后的三十多年里，我们一直保持着很好的交情，这么多年过去了，先生几乎没变。身板偏瘦，细长脖子上总是系着领带，脸部轮廓偏深，五官端正，说不好是哪里特别像犍陀罗国的释迦牟尼像。当时，先生的头发已全白，看起来有五十多岁的样子，但实际年龄不是特别清楚。当时先生给我的印象，就暂且说到这里吧。

像先生这样半生都在拍修二会，为什么每年还会继续拍呢？这是我当时最为吃惊的地方。但是，不妨想想看，练行众们从堂上跑到堂下的时间，总共也就只有十几秒钟，先生应该是在等待一年之后，在非常渺茫的机会中，试图拍出紧张感更强的照片。然而，当练行众们跑下来的时候，前面已经被四五个业余摄影爱好者围得水泄不通了，而且他们都打了闪光灯，连童子手中的火把都略显失色。就在这个时候，先生挺身而出，怒吼：“闪开！”没想到那四五个人就像火星似的，立刻散开了，前面剩下的就只有先生一个瘦小身影了，只有先生一人在那儿不停地按着快门。

这就是所谓的专业气魄吧。对我来说，像是再读世阿弥的《风姿花传》的感觉。

当时，那个场合并没有禁止拍照，非专业人士也可以拍，但打闪光灯就是对练行众的一种不礼貌行为了。对于那个瞬间，外行和内行感受到的分量应该是不一样的，外行们被强大的气场压垮后，不得不把那个“场”让给存在感更强的内行。现在想来，四散的那几个业余摄影爱好者也是够可以的，其实他们并不认识入江先生。

已经二十多年过去了，每当提到此事的时候，先生还总是很惶恐，总会不好意思地笑着说：“那个时候太失礼了，对你……”先生总觉得打闪光灯的人里面就有我。这么看来，我和藤谷在东大寺的经历就非常相似了。

上面讲的都是俗界的事情，下面讲一些天界的事情吧。

参加修二会的练行众一共有十一人，练行众名单和每个人的具体担当职责会在上一年十二月，也就是良辨的忌日当天公布。除非身边有人遭遇不幸，否则谁都不可以拒绝练行众一职。

下面具体介绍一下这十一练行众。

练行众首席被称为“和上”，不仅是德高望重的高僧，还要向其他练行众传授戒法。据说，鉴真和尚来日本就是为了传戒，僧侣们最应该接受的就是戒法。

次席被称为“大导师”，主管佛教中的显教。显教就是眼睛能看到的教学体系。

第三席被称为“咒师”，与大导师主管显教相对应，咒师主管密教。可觉察一切看不见、听不到的宇宙万物的深奥体系，即密教。当咒师在堂内的时候，可以驱赶恶鬼，手举香水，劝请龙神。龙神被认为可以守护法事。

第四席被称为“堂司”，相当于舞台导演的角色。和上、大导师、咒师是精神层面的主要担当，堂司则主管事物方面。例如，法会现场的设备、装饰等，全部由堂司主管，既是美术导演，又是庶务总长。西方也同样如此，古代的这种军队式的运营组织方式，竟然在寺院里得到了很好的继承与发展。

除以上四役（也叫作“四职”）外，剩下的七名练行众统称为“平众”。平众也分具体职务。其中，“北座众”有两人，居上位的被称为“北座众一”，另一个被称作“北座众二”，“北座众一”辅佐堂司工作。对应的“南座众”也同样有两人，也分一和二。接下来是“中灯”一职，在堂司的指挥下全权负责修二会众的所有记录工作。最后一个职务是最不可思议的，叫作“处世界”，主要由年轻僧侣来担当，他们的主要工作是作为四职的侍者并且打扫内堂等。其中最年轻的“处世界”被称为“权处世界”。

以上介绍的十一练行众，每个人都是东大寺塔头的主人或者准主人。如果把东大寺比作日本最古老的大学的话，那么他们就是大学教授。

前面已经提到过“小纲”，扮演的是事务局员的角色。自实忠和尚以来，千百年来延续至今的在俗家族就有堀池家和稻垣家两家。

除此之外，还有堂童子、驱士、木守、大炊、院士等职务。堂童子就是往来于堂内各处、处理各种杂事的。驱士是一直守在汤屋负责烧火的。木守这个职务在平安时期就有了，一般负责的是贵族人家庭园里的树木，修二会里主要负责火把。修二会是一个有关火的法会，所需火把的数量和种类都很多。其中，大火把是在长达十米以上的青竹的竹头上，缠上杉树叶子，最终会重达四五十公斤。大炊也是一个挺古风的职务，以前在皇家御所里就有大炊寮这个部门，主要负责给天皇做饭，修二会里的大炊只负责主食，副食由院士一职来负责。

除此之外还有更小的职务，如加供奉行、局奉行等，一般由寺院外部人员来担当。“奉行”就是执行人的意思，平安时期在公家和寺院里经常被使用，镰仓幕府以后主要出现在武家的行政机构里，武家政权之前的寺院里经常会用到这个词。

上面介绍的是，以十一练行众为中心、一共五十多人的法会运营人员。规模虽如此之大，但从外面来看，修二会的所有活动似乎都在私底下进行，一点都不起眼。

虽说法事是从三月一日开始的，但练行众们早在二月二十日就已进入了准备期。“准备”是精进（净身）的意思，“精进”是指去到和平时住所不同的地方，用不同于平时的火来煮饭，这被称为“别火”。“别火”也是一个很早就有的日语词汇，源于日本特有的斋戒行为，与印度、中国的佛教是没有关系的。“别火入”指的就是进入共同住所里生活的意思，从二月二十日开始的头五天被称为“试别火”，二十六日开始称为“揔别火”。这里的住所就在戒檀院院里（非四天王佛堂）。

练行众们在这里不仅要练习“声明”[①]等，还要制作法会期间穿的纸衣法服。或许有人会想到去商场或者专门的法服店里购买，但这样的理性主义在这里是行不通的。练行众们深知不合理，却依然要固守天平时期实忠和尚传下来的做法。可以说，这正是强烈的文化意识，犹如一壶原浆酒，正是由于它的不合理性才会让众人为之沉醉，如果没有这种精神沉醉的话，或许最终就无法升天至实忠和尚的身边。

纸衣的纸是用构树皮抄的一种非常厚实的和纸，大小和图画纸差不多，练行众会先把这些纸揉软，当制到三十五至四十张左右的时候，会把几张纸缝在一起做成法服料子。

揉纸的这个工作是否需要力气，具体做法是怎么样的，在写这篇文章的时候我是充满疑问的，于是决定给平冈定海的塔头上之坊打电话一询究竟。早些年，在叡山的法华大会上曾与平冈先生有过一面之缘，后来就断了往来，所以打电话还是有一些不安的。接电话的是平冈夫人，非常和蔼，告诉我说先生不在家，然后又说：“如果是此事的话，我儿子在家呢。”于是把电话转给了生于昭和二十四年的平冈升修先生。平冈升修先生从大谷大学毕业后，又去

① 声明：梵歌。

南印度马德拉斯大学学习了三年九个月，专攻印度梵文哲学，虽然年仅三十五岁，已经连续七年成为修二会的练行众。有练行众五年经验的就被称为“古练”，升修先生已是练行众里的老资格了。

“今年是哪个职务呢？”

“今年是中灯。”升修先生的声音非常明快。

我把升修先生一步一步的说明全部记了下来。先双手用力，把十六开大小的和纸揉成团，然后再抻直，这样的动作重复三四回以后，再把纸的每个角落都揉搓彻底，然后松开，再把纸卷在杵之类的棒状物上面，用刚砍的竹子快速用力压。这些褶皱会提高面料的强度和保温性，快速用力压上三四回以后，就会出现绉纱那样的褶皱了，把这些和纸缝起来就可用作法服面料了。

其父定海先生所著的《东大寺辞典》中对“纸衣”的制作还写道：

给起毛的纸面刷上融化了的琼脂或魔芋后，把毛边压平，然后晾干……

那么，这些工作是否也是由练行众亲自来做呢？对此我也咨询了升修先生，“这些由童子来负责。”将面料制成法服也是由童子或者其他职务来负责的。

除此之外，别火期间，练行众们还要制作纸花。这些纸花要供在二月堂里的秘佛观音前，是用红白纸做成的茶花。当殿内佛灯亮起的时候，这些花比真的茶花还要美。须田大画家非常罕见地在美术纸上作了一幅画，起名为“东大寺茶花”，类似题跋，大画家经常会在空白处添加一些文字说明。我是通过须田先生作的画才了解到此事的，一开始我以为这个茶花是开在东大寺里的某个稀有品种。

“不，本来就是纸花。”须田先生淡淡地说。

至今依然记得，他望向远方时的那个表情。很早以前，当大画家第一次看到这种茶花把简陋的内殿装饰得如此庄严，当时的那份感动或许正好与天平时代的幻想重叠到了一起。每当提到“东大寺茶花”的时候，大画家都会目视远方。

“东大寺茶花花瓣很长，又带有一种独特的圆润，现实中会有这样的花吗？”来到二月堂前，我问画家。

“没有。”

画家的表情似乎在说：“正因为没有才倍感珍贵。”

过去帐 11

本文想探讨的是东大寺修二会（取水仪式）的语言资料。

前面已经提到过“手水”这个词了，这里凭我个人的感觉做如下总结。

练行众们跑出内殿的时候，嘴里会喊“手水，手水”，表示“现在要去如厕”的意思。天平时期，“手水”这个词作为俗语是否确实存在，虽然不能肯定，但在当时的寺院里应该是被普遍使用的。从室町时期的“雪隐”一词中也能看出，厕所等跟房屋相关的部分用语在寺院里是被普遍使用的。

前面也提到过“咒师”这个词，是练行众当中的第三座，这个职务也有非常深的天平印记。“咒”同“呪”，东大寺传统写作“咒”，发“shu”的音。

东大寺创建之初，“呪”是指“印度巫术”。在空海之前，“印度巫术”这个说法就被夹杂在很多密教经典里，传入了日本。空海对此进行整理后，以理论和修法为中心，成体系地创立了密教教学，即“正密”。与此相对应，空海把之前的碎片性的密教称为“杂密”。实忠和尚办修二会的那个时期正是杂密时期。

同样是“呪”，空海也并不称之为“呪”，而是叫作“真言”，指的就是“宇宙中通用的密语”。“咒师”这一称谓也体现了当时正处于杂密时期。担当“咒师”的练行众，口念咒语，在二月堂里加持“香水”，结界堂内净域，以防魔障。在空海眼里，这些应该都是太过古风的做法吧。

我是在昭和二十几年第一次接触修二会的，记得当时上司海云先生还在服丧期间，没有参加当年的修二会。但记忆这个东西并不可靠，有时又记得当年上司先生担当的是“咒师”一职。有时候也会想，像上司先生这么性格明快的人，难道还会做密教加持吗？

在此想强调的是，我并不是说密教阴气，而是觉得以上司先生的性格来看，他是不大可能做这样的法事的。天平时期的密教还不像空海时期那样，与宇宙万物一体，还不需要投入生命的热情，或许正是因为如此，性格明快的人也可以胜任作法。

写到这里的时候，我突然意识到一个与上面内容相互矛盾的地方。上司先生这个人，包括好恶之情都是唯心的，性格又天生的异常明快透亮。上司先生的继承人是其侄子，即观音院的新藤晋海先生，新藤先生在《壶法师海云》里曾指出：“往坏了说，海云师具有与禁治产者（日本法律上无能力者之一，精神失常，无力亲自管理财政。）相似的性格；往好了说，海云师是一位宗教践行者，从小生于长于东大寺。如果不是东大寺住职的话，我想他一定会走上一条破灭之路。”由这样的稀有之人来念咒、加持香水的话，我想魔障们都会退散而尽吧。

前面已经提到过，三月一日开始的修二会，会在二月二十日进入“别火”。第二天，第四席的堂司会在大汤屋里召集参加法会的全部人员，由次席大声诵读被称为“入行披露”的内容。诵读的内容不仅是对大众的问候，也是在相互确认彼此的自我觉悟。诵读的方式既不是独白，也不是对白，更像是西方演讲的形式。福泽谕吉曾指出，明治时期以前的日本语言习惯中，没有出现过“演讲”这个词。

诵读的内容是固定的，而且并不是汉文读法，是非常纯粹的口语，当然是非常古老的口语了。室町时期的狂言就是一种古老的口语资料，但这里的“入行披露”应该是一种更为古老的口语。内容朗朗上口：

> 新春御庆，各必满足。不变于本愿圣王（注：圣武天皇）之古，当堂形法于今未改之。
>
> 练行诸众、满寺诸德，祈二世悉地，参诣诸众，六十余州之甲乙，必渴仰皈依。
>
> 随访小纲之事，如例年，必为御加行哉。

“加行”是指参加法事的全部行者。结尾的句子如果转换成现代口语的话，应该是“希望大家像往年一样为法会全力以赴”，或者是“大家可以像往年一样继续全力以赴吗”。最后一句“必为御加行哉”的诵读音调，犹如踩碎霜柱般凛冽。一般认为，日语口语更像是讲悄悄话，不适合抑扬顿挫的演讲，但是从上面的例子中不难看出，古代的日语是非常适合朗诵、演讲等形式的。

在这里顺便把古老的狂言《煎物》里的开头部分拿出来，对比一下。需要指出的是，这里的内容并非演说，是独白部分，与“入行披露”非常相似，主要内容是呼吁人们“从现在开始练习祭礼”。

斯乃住此边者。当年，当祇园会之头。鉴祭已近，招皆众，稽古杂子物。先嘱呼出太郎冠者……

最后一句“先嘱呼出太郎冠者”与今天的日语大为不同，读起来的抑扬顿挫非常明显，但调高不及“必为御加行哉”（当然，由于狂言台词并非表决心，比较调高本身是不大合适的）。如果把“入行披露”和“煎物”分别诵读两三遍的话，不难发现前者更为古老。但是它的内容本身并不长，词汇量也较少，因此无法像国语学一样划分时代。如果从它的调子来看的话，“入行披露”应该是平安末期或者是镰仓时期的。

今年修二会的和上是知足院的守屋弘斋先生(东大寺的执事长)，守屋先生作为练行众已是第二十五回，作为和上经验十分丰富。当得知此事后，我不禁感慨时间过得真快。我生于大正时期，东大寺里生于大正时期的也应该有四五人，但都身体状况不佳，因此，东大寺首次由生于昭和年间的僧侣来担当和上一职（守屋先生出生于昭和三年）。

这个事情先讲到这里，接下来继续回到“入行披露”。对此，我曾向守屋先生打电话确认过。

“肯定比狂言老。”守屋先生不假思索地回答，语气非常肯定。

经他这么一说，我心里的那块石头也总算落地了。

接下来继续探讨语言问题，不过要换一个话题。

修二会的十四天法会中，分别在第五天和第十二天前半夜结束的时候，要念诵《过去帐》。没记错的话，全称应该是《东大寺上院修中过去帐》。

《过去帐》里记录了与东大寺的创建、重建及经营等有深刻渊源的人的名字，名字的排列是按照从古至今的顺序，从最早的天平时期一直到现在。

念诵的调子很像“声明”（依然指梵歌），节奏舒缓。排在位首的是“大伽蓝本愿圣武皇帝”，这里指的就是圣武天皇，并列的还有他的母亲“圣母皇太后宫”以及对东大寺的建立有巨大功劳的“光明皇后”。

接下来是“行基菩萨”，再下来是“本愿孝谦天皇”，下面还会出现好几位天皇的名字，但以“皇帝”称号出现的只有圣武天皇一人。

另外，藤原不比等（659—720）作为行基的支持者及光明皇后的父亲，被后世熟知，他在《过去帐》里以“不比等右大臣”的称呼出场。紧接着就是圣武天皇的大臣橘诸兄（684—757），以“诸兄左大臣”的名字出现。

同时，东大寺开山良辨僧正、实忠和尚也在列，大佛开眼导师以“大佛开眼导师”的名字出现。

当这些名字一个一个地被抑扬顿挫地念诵出来的时候，仿佛他们每个人就在堂内，非常不可思议的一种感觉。

除此之外，天平时期的人物还有铸工、木匠等，如“大佛师国公麻吕”“大铸师真国”“高市真麿”“铸师柿本男玉”“大工猪名部百世”等。还有役夫，但是役夫的名字没有一一列出，而是以人数“一百六十六万五千零七十一人”的形式被念诵。念到此处的时候，堂内应该是人头攒动吧。

我现在参考的这本《过去帐》是上司海云先生生前备忘用的，作者是幕府时期的塔头僧宫内卿晋海，上面记有“庆应二丙腊月吉辰”字样，这本应该是塔头内部练习念诵时使用过的，上面有红点和黑点标注的“节博士”。“节博士”就是音符，《徒然草》也有“僧太秦善观房，定节博士成声明”。当然，修二会内殿里念诵时使用的原本中是不会有节博士的。

可以看到，这里面既有当时的当权者和历史名人，也有很多无名小人物。例如：

镜施入身长中子。

这位大概是镰仓时期的，连名字都没有，意思大概是“名为身长这个人排在中间的儿子”。还有一个平安时期的奇怪名字，叫：

多罗多房。

这应该是一位僧人打扮的庶民，这个名字应该只是绰号。

另外，空海的名字也出现在了名单里，因为有一段时期，他曾受东大寺之托，兼任别当（长官）一职，也算是与东大寺有缘之人，这里的称谓是：

兴真言宗之根本弘法大师。

但这里面没有出现最澄的名字。《过去帐》里都是对东大寺有功的僧俗，以南都（兴福寺、东大寺等）为敌、长时间论争的最澄也确实不应该出现在里面。源平二氏当中平清盛没有出现，但源赖朝在列。这里面的俗人全部使用的是俗名，这也与佛教原本相符，不禁让人觉得神清气爽。不管是圣武皇帝、多罗多房，还是源赖朝都没有使用法号。

给死者赐法号这一奇特习俗，是从近代才开始的，不管是印度佛教还是中国佛教，都没有类似的做法和思想。但在日本江户时期这种做法就已非常普遍，这种做法应该是出于对寺院经营的考虑，但其本身跟佛教是没有丝毫关系的。修二会里的《过去帐》是日本最古老的《过去帐》，这里也可以证明，法号这种做法既没有历史渊源，跟佛教教义也没有关系。

在念诵修二会《过去帐》的时候，从天平时代到镰仓时代的人物名称的念诵节奏比较缓慢，因此这一部分的念诵是比较花时间的，大概要用四十分钟的时间。

从镰仓时代的某个时期开始，名字的念诵开始没有了调子，不分抑扬，照读即可，速度也比较快。

镰仓时期的高潮应该就是到源赖朝的时候，“当寺造营大施主将军赖朝右大将”，此处的调子高低对比极为明显。这后面接着的十七人几乎全部是僧侣或捐赠者。

当这十七人的名字念诵完毕后，念诵僧突然会停顿一拍，然后压低声音念诵：

青衣之女人。

这是一个女人的亡灵，而且名字并不清楚。

《二月堂缘起》是在室町时期创作的，包括上下二卷的绘画和文字。当时东大寺里有绘所，拥有自己的画师，《缘起》里的绘画应该就是绘所里的画师所作的，里面有相应的文字记载。

镰仓时期，东大寺里有位名叫集庆的僧侣。据《东大寺辞典》记载，集庆的名字出现在记录修二会的《二月堂修中日记》里，时间是从建久六年（1195）一直到建保三年（1215），也就是说，此人成为修二会练行众的时间长达二十年之久。

据《缘起》记载，事情发生在承元年间（1207—1211）的修二会期间。承元年间的将军是源实朝，同一时期还发生了法然被流放、熊谷直实往生等著名历史事件。就是在这一年举办的修二会期间，练行众集庆正在念诵《过去帐》，当念诵完源赖朝之后，接着用降调念诵的时候，突然有一个穿着青衣的女人现身，并快速地向集庆靠近，说：

把我也放进《过去帐》里。

集庆马上念诵道“青衣之女人”，然后该女人就消失了。

上司海云先生生前使用过的那本《过去帐》里，标注在此处的节博士全部为平声，即平坦地拉长声音，而且“青衣之”的“之”

处标注的是“拉平”，并没有标注降调。昭和二十几年的时候，我在堂内隔着格子听到的声音，很明显地降下去了，甚为壮观。

毫无疑问，镰仓时期青衣女人的故事仅限于东大寺内部，之后的七百多年里也同样如此。在昭和十七年的时候，饭岛幡司著的东大寺随想录《青衣女人》发表，这才被一般世人知晓。几乎在相同的时期，土岐善麿为能乐喜多流①创作了同名新作，并于昭和十八年十月六日在二月堂里由喜多实上演。

昭和二十几年的时候，我还不知道能乐《青衣女人》，后来是在饭岛幡司的《青衣女人》里获知的，还记得这本书是在大阪樱桥的一家名叫浪速书林的古书店里买到的。

当我隔着格子观看堂内法会时，等到念诵《过去帐》的时候，一直屏住呼吸，直到念到这个名字。从开始念诵到这里，虽然要等很长的时间，但念诵僧的声音异常好听，我一点也不觉乏味。终于，当听到这个名字的时候，我眼前好像立刻出现了一名身穿青衣的女子。

这名女子究竟是何人？对此也有很多考证。饭岛先生在前面提到的书里指出，此女子生前生活的年代是镰仓初期的土御门天皇时期。饭岛先生指出：

> 此女子应该与集庆有一定的关系。如果真是这样的话，故事可能会变得更为戏剧性，更加有趣，但详细情况却不得而知。

① 能乐喜多流：能乐仕手方的五大流派之一，1619 年左右由喜多七太夫长能创建。

我想如果是小说家的话，想象力绝对不会止步于此。如果是我的话，可能会想象成：此女子虽身在京城宫廷里，但是为了重建东大寺，她竟然撼动了天皇。东大寺一般认为，青衣女人是侍奉于后白河院的一名高贵女子。

如果是宫女的话，那么青衣的“青”是什么样的身份象征呢？这个是没必要追究的。我想，在微弱的佛灯下诵念《过去帐》的时候，映射在集庆眼里的衣服颜色就是青色的，于是便会在连名字还不知晓的情况下，瞬间就念出了“青衣之女人”，女子终得以超度。我想，集庆也是一位非常有胆识的僧侣。

顺便提及一下，上司海云先生收藏的那本《过去帐》里，在“青衣之女人”后面，用红笔标注了“快速念诵”几个字样。也就是说，这里正是缓慢念诵的头四十分钟结束后，开始转入快速念诵的分界点。如果是舞台剧的话，这里就是一个非常重要的出场时间节点了。

一直以来，我都把青衣女人向集庆说的那句话给记错了，就在今年三月二日的晚上，走在二月堂堂下的时候，我向编辑部的藤谷宏树说：“请把我也放进《过去帐》里！”后来回到家里一查，才发现这里并没有使用敬语，说的是“把我也放进《过去帐》里！”有种命令式的口吻。自天平以来，东大寺就是第一等官寺，当时僧侣的地位是比较高的。考虑到此女子用这样的口吻对集庆说话，如果再考虑到她对东大寺的重建功不可没的话，那么她的身份应该是宫里的妃子或者是与此接近的身份。

同时，饭岛先生还曾指出：“处于疲惫状态下的集庆，产生的一种性幻觉，也是有可能的。”具体内容是：

在进入后七日，法事接近尾声的时候，身心俱疲。大德高僧终归也是人，当疲劳加剧的时候，产生奇怪的幻想和幻觉再正常不过了。阿纳托尔·法朗士的《黛丝》里，圣僧巴甫努斯的苦恼也正在于此。秘藏的观世音佛像被认为具有肌肤温度，有时候爱慕之情会油然而生，后堂的曼荼罗菩萨在佛灯的映衬下，有时候也会显现出一种神秘之美。海云和上也讲起过自己年轻时的亲身体验。

12 兜率天

在二月堂前走来走去的时候，我突然发现这里摆放着十几根很粗的竹子，大概有木桶直径那么粗。

“这竹子真是够粗的。”一位操着横滨口音的男士这么说，然后把相机递给同伴，自己站在竹子前面让同伴帮自己照了张相。我想这应该是一张非常适合介绍日本桂竹的照片，应该可以放在国外的初等地理教科书里。这些竹子都跟原木似的，表皮青翠欲滴，还带着根。也就是说，这些竹子还不是竹竿，还是活的植物。

修二会是有关于火的法事。这些竹子到时候会被用作称为“笼松明”的大火把的长柄，然后还要在竹竿头上裹上杉树叶子，每个大火把的重量大概有四五十公斤。当在堂内举行“达陀”法事时，由练行众中的一人舞动着大火把，火焰足有一个成人那么高，整个大火把有十米多长。我想平时肯定是挥舞不起来的，也许是火带来的激情给人力量吧。

我曾就修二会中使用的桂竹，向山内龙松院的筒井宽秀先生请教过，以下是筒井先生复信中的一部分内容：

> 想必您已知道，修二会中使用的竹子并非孟宗竹，用的全部是桂竹。这些火把用的竹子全部来自信众的捐赠，不够的部分从古到今劳烦的都是京都营林署，他们会从加茂川或木津川河滩边的竹林里转让一部分，给我们使用。

修二会期间被称为“童子”的职务担当备受瞩目，每个练行众身边都有童子辅助。

“什么是童子？”我在二月堂堂前向朋友问道。

“那个人就是童子。”朋友指着一位五十岁上下穿着工作服的先生回答。

“童子”当然不是指孩子。在古代和中世的寺院里，像牛若丸这样的虽已是僧人徒弟，但由于还是孩子，还没有剃发出家，这些负责照顾生活起居的人，就被称为“童子”；后来使用范围进一步扩大，包括成人在内，没有落发的、负责杂务的人都被称为“童子”。

东大寺里有很多“童子”，他们平时打理寺院里的杂事，等到修二会的时候，就来当“童子”。这些“童子”从古到今都住在正仓院北边的杂司町一带，世世代代都在东大寺里工作。有时候如果“童子”人手不够的话，会从“山中”临时召集。“山中”是东大寺的一个内部叫法，即柳生一带以及奈良以东的山村。

修二会期间“童子”的工作是非常繁忙的。例如，要编稻草绳，制作供奉在内殿的年糕（被称为“坛供”，发音和“团子”非常相似，不清楚“团子”的语源是不是就是它），还要制作大大小小的各种火把。每天晚上，当练行众要上堂作法的时候，大火把就由“童子”扛着，这是一项既需要体力又需要技术的工作。

“这里面有的人已经干了二三十年啦。”知足院的守屋先生告诉我。

和“童子”不同，还有一个职务叫“堂童子”。如果把寺院比作军队的话，僧侣就是兵种士官，堂童子和小纲就是会计士官，他们虽是俗人，却是僧人打扮，负责管理二月堂的拜堂、给佛前供饭等工作，在堂上时是“山伏”① 打扮。

前面已经提到过，堂童子稻垣家和小纲堀池家两个家族是从天平时期一直延续至今的家系。堂童子虽不是僧，却可以参加堂上法事。

内殿里挂着大大的白麻帐，这里是法事最神圣的地方，前来参观作法的人眼前是隔着白麻帐的，只能听到作法声和乐器声，看到的只是一些影子。伴随着僧鞋的声音，当练行众跑起来时，这些影子开始激烈地晃动。白麻帐外面的地方，被称为“礼堂”，堂童子会在这里待命。当听到一声“卷帐！”的时候，堂童子立刻把大白麻帐迅速卷起。这些动作如果不是世代相传的话，我想是很难传承下来的。当白麻帐被卷起的时候，练行众们会一个接一个地跑进礼堂，在剧烈声响的伴随下，开始“五体投地”，向一块名叫“五体板”的板子上，把身体用力地甩出。

后来，我们来到的是二月堂堂下，阳光下的须田大画家脸上开

① 山伏：日本修验道的修行者。

始泛红。

“接下来去参笼宿所吧。”

我觉得可能会给别人带去麻烦，兴趣不是很大。

“没事的。”须田先生像吃了蛇胆似的，胆子非常壮。

参笼宿所是一座镰仓时代的建筑，即使被指定为国宝或重要文化财产，也完全说得通，不知道是不是因为今天仍然在使用，所以并没有那些硬性的限制。

参笼宿所是细长的一层建筑，属山形屋顶样式，屋顶上葺满了本瓦。从使用的粗白木以及简素的结构来看，镰仓幕府源赖朝时期，夜里执勤武士的临时休息所应该就是这样的。

这里被划分成僧房和食堂两个区域，两个区域由“细殿”连接，“细殿”即连接殿舍与殿舍之间的走廊。“细殿”这个词是出现在《源氏物语》里的一个古建筑用语，现在即使是京都一带的古寺里，应该也已经不再使用了。

参笼宿所里被隔开几个房间，须田先生拉开一个挂着“咒师宿所”木牌的房间，里面正好没人在。

“司马先生，快看！”

房间整理得非常整齐，墙上挂着上堂袈裟和食堂袈裟，板壁上挂着干净的纸袋，上面写着“上堂念珠”“食堂念珠”等字样。

从参笼宿所下几个台阶后，就是汤屋，与汤屋连在一起的还有汤屋宿所，那里看着像有人的样子。

“走，司马先生，进去看看。”须田先生像到了亲戚家似的，一点也不认生。

进去之后是一片素土地面，横木对面的小房间里，两位年轻僧侣正端正地坐着，穿的都是白色纸衣，背后的白墙、琥珀色柱子、墙上挂着的念珠、老式方火盆以及火盆上的铁壶，不管哪样都是那么的质朴，又那么的大气。

“来，坐会儿吧。”大画家越来越不客气了。

手边白壁上钉着一块小横木，上面粘着一个和纸对折而成的纸夹子，和纸上还画着一些花鸟图案，不觉风雅。我想参笼期间，光看这些花鸟就非常治愈了，仔细一看，竟然是须田先生的画作。

我和两位年轻僧侣打了招呼后，发现找不到共同话题，于是便开始讲起了自己的事儿。记得大概是昭和二十四五年的时候，当天应该是修二会期间的第十二日晚上，一整夜我几乎一直在外殿坐着，简直冷极了。说到这儿的时候，突然其中一位额头微平、表情精悍的僧侣抬起头，说：“我就出生在昭和二十四年。”听后，我大为吃惊。这里不是开玩笑 ，说真的，我感觉好像就是刚过去的事儿。不信的话，你们可以看看，参笼宿所、细殿、二月堂一点都没变，连东大寺也没有任何变化。再看看眼前这位穿着白色纸衣的僧侣，我不禁开始怀疑了起来，好像有点可以理解浦岛太郎的心情了。表面没有丝毫变化，只任时间长河静静流逝，这正是东大寺吓人的地方。

此刻，我犹如晴天里观星座。年轻僧侣却早看出了我的错觉，因此一开始就讲出了他的出生年份。看来时间真是会开玩笑的。

这两位年轻僧侣虽然已剃度，穿着和练行众相同的白色纸衣，但其实他们并不是真正的僧侣，属于在俗佛教徒，佛教里称之为“优婆塞”。

“请问您叫什么名字？”

“牛山滋。”

东大寺里很多人操的都是京阪一带的口音，但这位僧侣操的却是关东口音，于是我便问道：“是来自信州吗？”

这时我突然想到了知足院塔头的主人，也就是现任东大寺执事长守屋弘斋先生。守屋先生父亲的家系就是信州諏访人。后来我给守屋先生打电话的时候，还专门提到牛山滋，夸他是个好青年，守屋先生说：“他就是信州人。”语气更像是在说：“信州人都很优秀。”

牛山滋很早就父母双亡，是个孤儿，他的一位中学老师由于和守屋先生私交甚好，就让他去奈良东大寺找守屋先生。听起来有点像江户时代的事情。

守屋先生见到年轻的牛山滋后，觉得是个很好的年轻人，又很喜欢手工活，于是就劝他学木匠来安身立命。

守屋先生非常喜欢已故的黑天辰秋先生的作品，而且两人私交也很好。黑天辰秋先生和推动民艺运动的柳宗悦是同一时期的人，同时期人里属黑田辰秋和滨田庄司最为长寿。黑天辰秋先生的作品并没有脱离柳宗悦民艺思想中的实用主义，从椅子、器皿等大物件到木制墨水瓶等小器物，不仅有新奇的造型，也充满了毫不妥协的实用性。从漆器到螺钿他无一不精通，作品样样品质上乘，是名家中的名家。

须田先生平时聊天的时候，在名字后面加“老师”称呼的，有且只有梅原龙三郎和黑天辰秋二位。

某一年，大阪的阪急百货商场里正在举办黑田辰秋回顾展，我赶过去看了，会场里还碰到了从名古屋赶过去的画家杉本健吉先生和须田先生，杉本先生在展厅转了一圈回来后，用爽朗的声音说：“须田，看了黑田先生的作品后，真觉得我们画的连屁都不是了。”虽说把绘画和工艺拿来比较，就如同拿大海和高山在比较，杉本先生当然也非常清楚这一点，但还是被每一件作品的存在感所折服。杉本先生的感慨正是他内心最真实的感受，真是非常精彩的点评。

受守屋先生所托，牛山滋成了黑田辰秋先生的徒弟，虽长久饱受清贫之苦，却一直坚守在这条路上，因此牛山滋并非真正的僧侣。

修二会里还有一个职务叫“驱士”，负责管理汤屋（练行众用的澡堂）、往食堂里搬东西等杂物。

以前，奈良附近的山城国乐郡有一个瓮原宫遗址（圣武天皇的离宫），那附近有一座叫作和束的庄园，今天那里叫和束庄，有广阔的稻田，是东大寺的庄园。驱士一般都来自和束庄，因此也被称为“庄驱士”。

有一年，修二会里缺一名驱士，于是守屋先生就举荐了牛山，牛山表现得非常出色，后来每年修二会的时候，他都会来东大寺当驱士。这听起来就像御伽草子里的故事。

这里还有一位比牛山更年轻的僧侣。

“我出生于昭和三十一年，但参加修二会已是第四个年头了。”这个年轻僧侣一边说着，一边在我的膝边铺了一张小纸，放上果子。这也是有讲究的，这里是不用器皿的。这时，须田先生突然介绍说：“这就是小纲堀池。”听了之后，我突然开始有点混乱了，因为要说到小纲堀池的话，在我心中就是堀池春峰先生，看着眼前的这位年轻人，又不禁在想："难道堀池先生这么年轻吗？"后来，堀池君补充说自己叫堀池直树，堀池春峰是自己的父亲。我不禁又感慨时间过得真快，已轮到这代人了。

后来，有一次我给住在杂司町的堀池春峰先生打电话的时候，先生说，那是家里的三儿子。

现在想想，明治时期以前，供职于皇宫的人们在世代交替的时候也大概如此，在旗本、町奉行所、诸藩等供职的人们一般都是子承父业，当儿子长到十八九岁的时候，父亲会把他们带到自己身边进行见习，等儿子逐渐习惯上手后，父亲便开始隐退，四十岁出头的时候开始隐退是比较常见的。堀池家的大儿子和二儿子好像是与核、电相关的偏研究性质的技术人员，从实忠和尚那个时代一直传到今天的家业就由三儿子来继承了。

这个房间是个三人间。

小纲（修二会时负责的堂童子）稻垣先生不在房间里。

听说是有事情出去了，没能见到堂童子略感遗憾。

但不管怎么说，这些都是工作非常繁多的职务。可以说，每个人都是主角，历练出来的人格品质也都尽显其中。

这一天，凌晨三点钟的二月堂内殿里的长明灯，应该是堂童子稻垣按照千百年的做法点亮的，这盏灯点亮之后，法事现场开始亮了起来。点灯的古式做法是，先击打燧石，从中取火，然后把火先移至取火口，再移至引火木条，最后才移至灯芯。

法事开始后，堂童子会正坐在与内殿隔着白麻帐的礼堂里待命。《青衣女人》的作者饭岛幡司先生在太平洋战争开战后的第二年（昭和十七年），受上司海云先生的邀请，参加了二月堂的修二会。据说，他在礼堂里看着堂童子的动作，甚为感动，并记录在了文章中。

法会当中有一个职务是堂童子，据说是当年随实忠和尚从难波津出发，作为观音菩萨的随从而来之人的后裔。当练行众在做法事的时候，堂童子会端坐在礼堂，时而卷起麻帐，时而敲钟，表情温良，活像观音菩萨的随从，是一位会让人回望天平时代的典雅老者。

这里提到的“典雅老者”应该就是今天稻垣先生的爷爷。

下面提及一下松尾芭蕉。芭蕉应该也是参加过修二会的，《曝野纪行》中曾提到“笼于二月堂”，还留下了俳句。

取水笼僧屐音。

这里的季题就是“取水”。

不清楚这句俳句是不是也被选入了教科书，不过这确实是芭蕉被人熟知的作品。后来我发现很多版本里用的并非“笼僧”，而是“冰僧”，这是我觉得非常奇怪的地方。岩波书店出版的日本古典文学大系中的《芭蕉文集》里也是“冰僧”，但在眉批中特别注释：“蝶梦编辑的《芭蕉翁发句集》（1774 年出版）里采用的是‘笼僧’。”新潮日本古典集成《芭蕉句集》中采用的同样是“冰僧”。

岩波方面对此解释是：“白衣僧侣的木屐之声清脆透彻。”新潮方面的解释是：“这是一种象征表现手法，象征春寒料峭中，全身心作法的僧侣们的严肃形象。”同时，小岛政二郎所著的《芭蕉》

中，更是完全排除“笼僧”，认为：“毫无疑问，芭蕉是把穿着白色纸衣的僧侣比作了‘冰僧’。”

然而，练行众只有在休息的时候才会穿白色纸衣，二月堂里作法的时候穿的是麻质袈裟，颜色应该是偏黑色的茶褐色，从色彩来看完全不符合“冰”的形象。

而且，不论哪本书里都没有对为何是“冰”做书志学说明，不盲信书本的读者肯定会产生混乱，不知道该选择哪个版本了。在日本文学方面，我是个外行，即使错了，我还是愿意选择最开始记住的“笼僧”版本。写到这儿的时候，我突然不安了起来，赶紧给东大寺的筒井宽秀先生打电话确认了一下。这位说话用词特别讲究的筒井先生做了非常详细的回答：

> 我想，现在还有人对两个版本在进行讨论吧。二月堂下有一块古碑，应该是明治时期或者是更早时立的一块碑，具体时间不是很清楚，这块碑上刻的是“笼僧”，东大寺里惯例说成“笼僧”。

须田刋太先生在年轻（说年轻也已是四十多岁了）的时候，也曾作了一首修二会相关的和歌。当时他正生活在奈良新药师寺里，对前途充满了不安。在参加修二会的时候，他被充满活力的年轻僧侣深深打动，于是作了一首略带惆怅的和歌：“月苍青，青年僧今宵也登堂，二月堂里取水。”当时须田先生所在的地方，应该就是我现在所处的细殿一带，看到的应该就是从参笼宿所出来、准备上堂的年轻练行众的身影，这些年轻僧侣里面或许就有生于大正年间的筒井宽秀先生，或许就有平冈定海先生，不禁让人感慨乌飞兔走、光阴匆匆啊。

然而，如果把这些时间放在兜率天里的话，就可以忽略不计了。二月堂里的修二会正是兜率天世界在现世的映射，因此这里的岁月也是在缓缓流逝的。前面已经提及，兜率天里的一昼夜相当于人间四百年，即使人在变，但“笼僧”是不会变老的，他们会一直世代延续下去，一直保持青壮年。

确实，兜率天在东大寺里是存在的。